Mujeres que nacieron diferentes

Ana Riera

MA
NON
TROPPO

© 2015, Ana Riera

© 2015, Redbook Ediciones, s. l., Barcelona

Diseño de interior y de cubierta: Regina Richling

Imágenes de cubierta: Coco Chanel, Maria Callas, Katharine Hepburn, Josephine Baker

ISBN: 978-84-15256-75-5

Depósito legal: B-12.729-2015

Impreso por Sagrafic, Plaça Urquinaona, 14 7º 3ª, 08010 Barcelona

Impreso en España - *Printed in Spain*

«A Amparo, una mujer excepcional que con sus sabias palabras
me hizo creer en mí.»

Ana Riera

Índice

Introducción

Yo me he sentido siempre muy orgullosa de pertenecer al sexo femenino. Esa es una de las razones que me empujaron a escribir este libro. Porque siempre me han gustado las mujeres y las he admirado. Sobre todo a algunas, como las que aparecen en estas páginas. Mujeres fuertes, libres, únicas, que supieron vivir su vida intensamente, lejos de estereotipos y convencionalismos, que tuvieron la imaginación suficiente para encontrar un camino distinto y muy suyo, que ante las dificultades se crecieron, lucharon y hallaron el modo de seguir adelante y de ser las verdaderas protagonistas de su historia. En definitiva, mujeres con M mayúscula. Y eso a pesar de las cortapisas impuestas por los hombres y también, muchas veces, por el resto de las mujeres; a pesar de tener unas cuantas circunstancias en contra, o muchas.

Y precisamente porque se trata de mujeres admirables, diferentes, que supieron destacar, he querido que sean ellas las que nos cuenten con sus propias palabras quiénes fueron, qué sintieron y por qué, cuál fue su secreto y cuáles sus miedos. Porque por mucho que uno investigue, por muy bien que uno se documente,

jamás lo que cuente tendrá tanta fuerza como la voz de las protagonistas, una voz que nos hace viajar en el tiempo, que nos
transporta a otra realidad y que nos ayuda a comprender, a conocer de verdad.

Se trata pues de un libro que habla sobre mujeres y escrito por
una mujer, una servidora, pero no es un libro para mujeres, al
menos no sólo para ellas. Porque más allá de su sexo, las elegidas
son personas interesantes de las que todos, hombres y mujeres,
podemos aprender mucho.

Podría haber muchas más, de hecho no son más que una pequeña muestra, una selección subjetiva, muy subjetiva, de personajes que pienso vale la pena conocer, de mujeres con las que me
habría encantado sentarme a charlar un rato sin prisas. Y lo cierto es que después de haber escrito este libro, de algún modo es
como si hubiera sido así, porque he conseguido oír su voz y he
sentido que, de algún modo, me abrían su corazón.

Así que yo me marcho ya, hago mutis por el foro y les dejo con
ellas, con las verdaderas protagonistas de esta historia. Confío
que las disfruten tanto como yo.

Maria Callas,

la diva que revolucionó el mundo de la ópera

«Cuando la música no llega armoniosa al oído y no consigue calmar el corazón y los sentidos, es que algo falla.»

Corría el año 1923 y un recién estrenado mes de diciembre en las calles de Nueva York cuando nació Maria Callas que, en realidad, fue bautizada como Ana Maria Cecilia Sofía Kalogeropoúlos. El motivo, que sus padres, Evangelia Dimitriadis y George Kalogeropoúlos, eran griegos. De hecho habían llegado a los Estados Unidos el mes de agosto de ese mismo año, de modo que todavía estaban estableciéndose.

Cuando ella llegó al mundo su familia esperaba con entusiasmo que fuera un varón que pudiera reemplazar de algún modo la trágica pérdida del hijo de tres años que había muerto apenas unos meses antes. Así que cuando le dijeron a su madre que se trataba de una niña, ni siquiera quiso verla. El desapego materno se prolongó durante toda la niñez de Maria, y esa falta de cariño la marcó ya para siempre: «Desde que era una niña supe que las personas que me rodeaban no tenían demasiado buen juicio. De modo que sólo tenía dos opciones: actuar como ellas lo hacían o comportarme como yo creía que debía hacerlo».

Maria, además, era una niña gordita, poco agraciada y miope, la antítesis de su hermosa hermana, lo que la convirtió desde muy temprana edad en la oveja negra e incomprendida de la familia. Por suerte no tardó en descubrir algo en lo que sí podía destacar y que podía ayudarle a llenar ese vacío: la música.

En 1929 su padre, que era farmacéutico, decidió abrir un negocio familiar en un barrio de Manhattan y para facilitar las cosas cambió su complicado apellido por el de Callas. Fue entonces cuando nuestra protagonista se convirtió en Maria Callas.

Maria se traslada a Grecia

En 1937 sus padres se separaron. Tanto Maria como su hermana se quedaron con su madre, que decidió regresar a Grecia. Su progenitora había advertido ya que su hija tenía unas espectaculares dotes vocales y tuvo claro que había que explotarlas. El problema era que Maria todavía no tenía la edad exigida para ingresar en el conservatorio. Eso, sin embargo, no fue un impedimento. Aprovechando el hecho de que era una chica alta y que parecía mayor de lo que era, su madre falseó los datos y Maria entró en el Conservatorio Nacional de Atenas: «Cuando no era más que una adolescente mi madre me llevó a un programa de cazatalentos. No gané. Todavía tenía mucho que aprender. Sin embargo debo decir que del chico que ganó nunca he vuelto a saber nada. Él no triunfó y yo sí».

Era una alumna aplicada a la que le gustaba mucho aprender: «Soy como una esponja. Absorbo todo lo que puedo de los demás. Opino además que incluso de la persona más sencilla e inculta puedes aprender algo». Estudió con la soprano Maria Trivella y después con la española Elvira de Hidalgo, que la formó en la tradición del belcanto romántico italiano. Pero a pesar de todo, su madre seguía comparándola con su hermana. Y como el único atractivo que le veía era su voz, la presionaba constantemente con las clases y sus estudios: «Debería existir una ley que prohibiera que los adultos pudieran obligar a los niños a trabajar a una edad temprana. Todos los niños deberían disfrutar de una infancia maravillosa. No es justo abrumarlos con un exceso de responsabilidad. Mi madre me apoyó únicamente porque vio que podría sustentarla económicamente. Admiro su fortaleza y agradezco su apoyo, pero debo decir que jamás me he sentido querido por ella».

Afortunadamente, había alguien en su vida a quien pronto empezó a admirar y con quien se sintió muy unida. Fue su padrino, Leonidas Lantzournis, quien le brindó todo el afecto y la ternura que su familia más directa no supo transmitirle: «Te quiero y te admiro, y eres para mí como parte de mi sangre. Es extraño notar cómo los parentescos que nos unen a nuestros consanguíneos no son realmente relevantes. Los míos me han dado sólo infelicidad».

Había empezado a estudiar tan joven, y era tan buena alumna, que hizo su debut no profesional en Atenas con tan solo 15 años. El papel que interpretó entonces fue el de Santuzza en la ópera Cavalleria rusticana: «Soy una persona tímida, sin embargo, cuando me subo a un escenario me transformó por completo, es como si fuera otra persona».

Maria inicia su carrera como cantante

Maria siguió estudiando y formándose. Ya sabía qué quería hacer en la vida, y su carácter exigente la llevaba a superarse día a día: «Cuando entro en un teatro todavía lo hago andando de puntillas. Para mí es como entrar en un santuario sagrado». Su debut profesional se produjo en febrero de 1942, en el Teatro Lírico

Nacional de Atenas con la opereta *Boccaccio*. Ese mismo año, en el mes de agosto, logró su primer éxito con la ópera *Tosca* en la Ópera de Atenas.

Cuando las tropas de Mussolini invadieron Grecia, Maria cantó en diversas ocasiones desde el balcón de su casa a las tropas enemigas a cambio de comida para ella y su familia. Durante los últimos meses de la II Guerra Mundial, sin embargo, las cosas empezaron a ponerse tan feas que Maria decidió regresar a los Estados Unidos donde seguía viviendo su padre.

Un par de años más tarde, en 1946, Edward Johnson, el director general de la Metropolitan Opera House, la escuchó cantar. Quedó tan fascinado que sin pensárselo dos veces le ofreció el papel protagonista de las dos producciones que tenía programadas para esa temporada: *Fidelio*, de Beethoven, y *Madame Butterfly*, de Puccini. Pero Maria Callas ya era mucha Maria, aunque todavía no fuera una celebridad fuera de Grecia, y rechazó ambos papeles. El primero porque no estaba dispuesta a cantar *Fidelio* en inglés y el segundo porque opinaba que el papel de Butterfly no era el más indicado para debutar en América. Inició así una práctica que mantuvo durante toda su carrera y que dejaba claro su fuerte carácter: «Siempre he decidido qué papeles hacer y cuáles no. Nunca me he dejado imponer un papel. Yo y sólo yo decido a quién voy a interpretar». Así, durante el año 1946 se dedicó a hacer algunos trabajos menores y se concentró en seguir perfeccionando su técnica: «Nadie me ha regalado nada, pero no me importa sacrificarme si gracias a ello puedo alcanzar lo que deseo. La vida es una lucha constante por la independencia. Yo he luchado para ser independiente y me considero enormemente privilegiada».

El 1947 fue un año importante para Maria Callas. Por un lado conoció en Verona a Giovanni Battista Meneghini, un acaudalado industrial 30 años mayor que ella con el que inició una relación sentimental. Vio en él al padre que tanto había echado de menos, al hombre con el que podía sentirse segura y protegida: «Lo elegí como a un padre». Por otro, debutó en la Arena de Verona con *La Gioconda* bajo la batuta de Tullio Serafin. Maria tuvo un éxito notable pero lo más importante fue que conoció a Serafin, que se convirtió en una especie de guía o tutor del que aprendió muchísimo: «Aprendí muchísimo de Serafin. En una ocasión me dijo 'Si escuchas la música de verdad, con tus oídos y tu alma, sabrás cómo actuar en el escenario'». También fue Serafin quien le hizo una audición para el papel protagonista de *Tristan e Isolda*, papel que ella consiguió y con el que debutó en el teatro Le Fenice de Venecia durante la temporada 1947/1948.

Su carrera empieza a coger carrerilla

En 1949 Tullio Serafin iba a dirigir *Il Puritani* de Bellini con Margherita Carosio, pero ésta enfermó y había que sustituirla. Y quiso la casualidad que la esposa de Serafin escuchara a Maria interpretando precisamente el papel de Elvira durante una velada en casa de unos amigos. Esa misma noche, emocionada, le dijo a su marido que debía escucharla. Él aceptó y, tras oír su interpretación, la contrató al momento. Maria disponía tan solo de una semana para aprenderse el papel, y debía hacerlo mientras hacía tres representaciones de *La valquiria*, donde interpretaba a Brünnhilde. Maria aceptó el reto y salió airosa de la exigente prueba gracias a su enorme capacidad de trabajo y a su gran nivel de exigencia: «Siempre he aspirado a más de lo que puedo abarcar. Pero no cambiaría nada de mi vida, ni por todo el oro del mundo». Cuando bajó el telón tras la primera representación de *Il Puritani*, el 19 de enero de 1949, Maria Callas se había convertido ya en toda una estrella. Desde ese instante se entregó a su trabajo en cuerpo y alma: «Una ópera empieza mucho antes de que se levante el telón y termina mucho después de que se haya bajado. Empieza en mi imaginación, se convierte en mi vida y sigue formando parte de ella mucho después de que haya abandonado el teatro». En 1949 se casó también con Meneghini, aunque en ningún momento pensó en formar con él una familia tradicional: «Mi trabajo me ocupa mucho tiempo. Es muy difícil triunfar en mi campo y criar una familia. Me habría encantado formar una gran familia y criar a mis hijos, pero la vida me ha llevado por otro camino». En vez de eso debutó en el Teatro Colón de Buenos Aires.

Maria conquista La Scala

A Maria, no obstante, le quedaba por conquistar la Catedral operística de Italia, es decir, La Scala de Milán. Su oportunidad se presentó el 12 de abril de 1950 cuando le pidieron que representara el papel de *Aïda* que Renata Tebaldi no podía realizar. Pero la acogida del público milanés no fue la esperada y Maria tuvo que esperar otro largo año, concretamente hasta el 7 de diciembre de 1951, para metérselo en el bolsillo. Pero cuando por fin lo consiguió, fue ya para siempre. Su actuación en *Il vespri siciliani* fue una de las más aclamadas y recordadas, y fue de hecho la que le hizo ganarse el apelativo de La Divina: «Yo no trabajo por el dinero, cariño. Yo trabajo por el arte. Mi destino es tan grande que me aterra».

Ese mismo año debutó en el Palacio de Bellas Artes de Ciudad de México, donde cantó con Giuseppe Di Stefano. Juntos grabaron nueve óperas completas y acabaron conformando una de las parejas más célebres de la historia de la ópera: «Cuanto más famoso es uno, más difíciles son las cosas y menos le quiere a uno la gente. Cuando eres famoso es muy difícil saber quiénes son tus amigos de verdad. La fama hace perder la cabeza a la gente que no es famosa porque sólo ven el glamour, la parte espectacular.

No ven el esfuerzo, la lucha, todo el trabajo que hay detrás». En 1952 Maria Callas firmó un contrato de grabación exclusiva con Walter Legge, productor musical de la EMI, y eso a pesar de que nunca le gustó escucharse: «Odio escucharme, supongo que porque percibo todos mis errores».

Era ya una cantante famosa y ganaba unos buenos honorarios, por lo que su madre decidió pedirle dinero. Pero ella no estaba dispuesta a olvidar el desapego que siempre le había demostrado: «Es verano y hace buen tiempo. Vete al río, madre, y disfruta del aire fresco. Y si luego, como dices, sigues necesitando dinero, lo mejor que puedes hacer es lanzarte al agua y ahogarte».

Maria decide perder peso

Maria Callas era una mujer muy corpulenta y decidió que tenía que bajar de peso: «No me sentía a gusto. Cada vez tenía la voz más pesada y el exceso de kilos limitaba mis expresiones faciales, así que decidí hacer régimen. Fui al médico, pero me dijo que si bajaba de peso perdería la voz y no quiso ayudarme. De modo que me fui a mi casa, leí y me informé y decidí perder peso por mi cuenta. Me dije, si nadie quiere ayudarte, tendrás que espabilarte tú sola. En 1953, cuando empecé, pesaba 95 kilos. Dos años después pesaba 56 kilos».

Cuando reapareció se había convertido en otra persona, en la mujer atractiva y magnética que todos recordamos hoy: «Cuando tomo una decisión, asumo las consecuencias». Su nuevo físico era perfecto para representar a la tísica Violeta de *La Traviata*, y a Ifigemia, Elisabetta, Anna Bolena o Amina. Visconti se dio cuenta enseguida y lo aprovechó durante años para sus escenificaciones cinematográficas.

Su carrera pasó a ser un éxito constante. En 1954 debutó en la Lyric Opera de Chicago y en 1955 interpretó una *Norma* que fue considerada legendaria: «Mi personaje favorito es Norma, porque es un personaje complejo y siempre descubro algo nuevo cuando lo interpreto. Es fuerte y frágil a la vez. Simplemente me fascina». Ese mismo año cantó una Lucía junto a Herbert von Karajan en la Deutsche Oper de Berlín. Con esa representación se reabría el famoso teatro alemán y el delirio del público fue tan grande que Maria tuvo que repetir el sexteto del segundo acto. El año siguiente, concretamente el 28 de octubre, debutó en la Metropolitan Opera House de Nueva York.

Maria había actuado y triunfado ya en los principales teatros de ópera de todo el mundo, parecía que no le quedaba nada por hacer. Sin embargo, esa actitud no casaba bien con su carácter inquieto y exigente y encontró algo nuevo a lo que dedicar su tiempo: rescatar piezas que habían caído en el olvido, que no se representaban desde hacía muchísimo tiempo. Así, en 1957 representó *Anna Bolena*, de Donizetti, en La Scala, y más adelante *La sonnambula*, de Bellini. Como ella misma diría: «No hay forma de escapar al destino».

Maria conoce a Onassis

En 1957 Maria Callas representó *La sonámbula* en el Festival de Edimburgo. Su actuación tuvo tanto éxito que le pidieron que hiciera una representación más. Pero Elsa Maxwell, una gran amiga suya, la había invitado a una fiesta que daba en Venecia y ella, alegando que esa nueva representación no estaba prevista, se marchó de Edimburgo sin más. A esa fiesta asistió Aristóteles Onassis, el famoso magnate naviero multimillonario que acabaría convirtiéndose en el gran amor de Maria. ¿Fue una casualidad provocada por el capricho de una mujer o fue el destino? Ella solía decir: «No hay forma de escapar al destino». Lo cierto es que nunca sabremos si estaba realmente escrito en las estrella, pero está claro que la polémica decisión que tomó ese día determinó enormemente el resto de su vida. «Los hombres no aprecian lo suficiente a las mujeres, de modo que debemos hacernos indispensables. Por suerte nuestra mejor arma es precisamente que somos mujeres».

El 3 de noviembre de 1959 Maria abandonó a su marido y se convirtió en la amante de Onassis: «Primero estuve muy ocupada con mi trabajo, luego he sido muy perseguida. He decidido redimensionar las cosas, eliminar las cosas negativas de mi vida y tomarme tiempo para pensar y tomar decisiones. Estoy en paz conmigo misma». Su idilio tuvo una gran repercusión en la prensa de la época, que se encargó de difundirlo a los cuatro vientos: «El amor entre dos personas que no están casadas es mucho más fuerte». Con Onassis descubrió el placer sexual. Para alguien que nunca antes se había sentido realmente amada por un hombre fue todo un hallazgo que alteró por completo su vida: «Onassis se convirtió en mi mejor amigo. Era sincero, encantador y espontáneo. También yo me convertí en su mejor amiga». Hasta el punto de desatender lo que hasta entonces había sido el motor de su vida, su carrera como cantante: «El amor es la devoción total. De todos modos, las mujeres son capaces de amar con mayor intensidad que los hombres».

Maria regresa a los escenarios

En 1961, Maria retomó su carrera, pero tras dos años de intensa vida social durante los que no había cantado ni se había cuidado demasiado, su voz había perdido buena parte de su fuerza: «No puedo cambiar mi voz. Mi voz no es un ascensor que sube y baja». Su tesoro más preciado empezaba a mostrar signos evidentes de decadencia. El 11 de septiembre de ese mismo año, mientras interpretaba a Medea, justo durante el duelo que mantiene con Jasón, el público empezó a pitar porque se sentía defraudado con su voz. Tras pronunciar el primer *crude* dejó de cantar, miró al público y le dedicó el segundo *crude*. Hizo una nueva pausa y comenzó de nuevo, ahora pronunciando la frase «Te lo he dado todo» (ho dato tutto a te), mientras levantaba el puño en señal de desafío. Su magnetismo era tal, tan sincero su dolor, que consiguió hacer enmudecer al público. Al final de la representación recibió una clamorosa ovación: «Sólo existe un lenguaje para la música, lo mismo que en el amor. Cuando el público te ovaciona sientes satisfacción, resulta gratificante. Es importante, claro, pero tu trabajo lo es más. De hecho a mí me gustaría que aplaudiera sólo al final, como en el teatro. Porque si te aplaude mientras estás actuando rompe la atmósfera que tanto te ha costado crear».

El mes de mayo de 1965, durante una representación en la que Maria interpretaba a Norma en la Ópera de París, Fiorenza Cossotto, que era muy consciente de que la Callas estaba extenuada, decidió derrotarla en escena. Escogió el gran dueto y se ensañó con ella. Cuando el talón finalmente cayó, Maria sufrió un colapso y se quedó inconsciente. Era el principio del fin.

La Callas decide bajarse de los escenarios

El director Nicola Rescino dijo en una ocasión: «Es un profundo misterio que una chica del Bronx educada en un ambiente sin inclinación a la ópera se haya visto dotada de la capacidad de cantar el recitativo a la perfección. Tenía un sentido arquitectónico que le indicaba con toda precisión qué palabras debía acentuar en una frase musical y cuál era la sílaba exacta que había que subrayar en esa palabra». Esa era Maria Callas. Una mujer icónica, una de las máxima exponentes del belcanto del siglo XX, una prima dona con poder vocal e instinto dramático, un fenómeno que todavía nadie ha conseguido emular. En definitiva una heroína más grande que todas las que representó sobre los escenarios. Pero su magia se había ido apagando poco a poco. En 1965 realizó su última representación operística en el Covent Garden londinense. Tenía tan solo 41 años. Maria Callas la artista se estaba desvaneciendo, pero lo peor estaba aún por llegar.

La estocada final

En 1966 Maria renunció a la ciudadanía estadounidense y aceptó la griega con la intención de que su matrimonio con Meneghini quedara técnicamente anulado. Quería volver a ser libre para poder contraer matrimonio con el único hombre del que se enamoró realmente, su gran amor, Aristóteles Onassis. En ese momento de su vida, eso era lo que más deseaba, al menos la Maria mujer. Soñaba con convertirse en su esposa, pero la propuesta de matrimonio no parecía llegar nunca. Onassis encontraba siempre algún pretexto para alargar la situación. Y entonces, en la primavera de 1966, Maria descubrió que estaba embarazada de dos meses. Fue tal su felicidad que fue corriendo a contárselo a su amado, pero éste no reaccionó como esperaba: «Si lo que pretendes es atarme con ese bastardo, lo llevas claro». Maria abortó al día siguiente, pero como si eso no fuera ya de por sí demasiado, además se operó para no tener que volver a disgustar a Onassis con ese tema.

En realidad, la suya fue una relación tortuosa que estaba destinada a terminar en tragedia, porque las intenciones de Onassis, y sus sentimientos, no eran los que ella creía. Todo se precipitó cuando el 20 de octubre de 1968, sin previo aviso y sin dar más explicaciones, Onassis anunció que iba a casarse con Jacqueline Kennedy, la viuda de John Fitzgerald Kennedy.

La noticia fue como un jarro de agua fría para Maria, que se sintió profundamente vilipendiada y cayó en una profunda depresión. Empezó a abusar de los tranquilizantes y los somníferos. El 25 de mayo de 1970 tuvieron que llevarla corriendo al hospital porque había intentado suicidarse con una sobredosis de barbitúricos. Así resumía ella misma lo que sentía: «Primero perdí mi voz, luego perdí mi figura, después perdí a Onassis».

Los últimos coletazos de Maria

Entre 1971 y 1972 pareció recuperarse un poco: «Había entregado mi alma al diablo, pero la he recuperado». Probó con la dirección escénica e impartió algunas clases magistrales en la Julliard Art School de Nueva York, pero nada acababa de funcionar, probablemente porque no lo hacía convencida y no era capaz de ponerle toda el alma. Cansada de todo, se instaló definitivamente en París, en el apartamento de la avenida Georges Mandel 36, cerca del Arco de Triunfo.

En enero de 1973 el hijo favorito de Onassis falleció en un accidente. Fue un duro golpe para Aristóteles. Además, el matrimonio entre él y Jacqueline hacia aguas por todas partes así que, desencantado, buscó a Maria e intento recuperarla. Pero ya era demasiado tarde, Maria no le perdonó nunca su traición y, aunque seguía enamorada, le rechazó.

En octubre de 1973 Maria volvió a subirse a un escenario, y lo hizo junto a Giuseppe di Stefano, con quien había triunfado en los viejos tiempos. El proyecto pretendía evocar toda esa época dorada pero, sobre todo, animar a Maria, que estaba triste y hundida, y se pasaba los días encerrada en su apartamento sin ver a nadie. Llevaba ocho años sin cantar en público. La gira no tuvo una gran repercusión desde el punto de visto artístico, pero se salvó por el lado de la nostalgia. Maria y Giuseppe dieron conciertos por todo el mundo. El último de ellos tuvo lugar el 11 de noviembre de 1974 en Sapporo, Japón. Fue el último lugar del planeta donde se pudo disfrutar de Maria Callas en directo.

En 1975 murió Aristóteles Onassis y ella se hundió definitivamente: «Su viuda soy yo», declaró convencida. Maria solía decir: «Dios, concédeme lo que quieras, bueno o malo. Pero si es malo, dame también la fuerza necesaria para hacerle frente». Pero en esta ocasión quizás Dios no la escuchó. En cualquier caso ella decidió que la vida ya no tenía sentido para ella, ni como artista, porque había perdido su maravillosa voz, ni como mujer, porque había perdido a la única persona a la que realmente había amado. Así que se encerró en su apartamento y, sencillamente, se despidió del mundo.

Maria Callas se marcha

El 16 de septiembre de 1977 Maria Callas se despertó, desayunó en la cama y fue al baño para asearse. Notó un dolor agudo en el costado izquierdo y se desmayó. A pesar de que enviaron llamar inmediatamente al médico, cuando éste llegó Maria ya había fallecido. Su funeral tuvo lugar cuatro días más tarde. Su cuerpo fue incinerado en el cementerio parisino de Père Lachaise y sus cenizas debían ser esparcidas, según sus expresos deseos, por el mar Egeo, donde descansaban también las de Onassis. Pero tuvo que esperar todavía un poco para reunirse con su amado porque alguien robó la urna fúnebre. Afortunadamente aparecieron unos días después.

Esta mujer icónica, siempre luchadora, algunas veces incomprendida y en muchas ocasiones infeliz, según sus amigos más íntimos, se había dejado morir. Ella misma lo explicó perfectamente en una ocasión: «¿Sabes por qué el papel de *Norma* siempre ha sido el que más me ha gustado? Porque ella elige morir antes que hacer daño al hombre que ama, y no le importa que él la haya despechado». Era tan testaruda, tan obstinada, que incluso escogió cuando debía hacer su mutis final. Afortunadamente, antes de hacerlo se había convertido ya en un mito inmortal.

Pasionaria,

la comunista que hizo de la lucha su bandera

«El mejor guerrero no es el que triunfa siempre, sino el que vuelve sin miedo
a la batalla.»

Dolores Ibárruri Gómez, más conocida como La Pasionaria, nació el 9 de diciembre de 1895 en la localidad minera de Gallarta,
en Vizcaya. Fue la octava de once hermanos en una familia con-
servadora y religiosa. Tanto su abuelo, como su padre, como varios de sus hermanos eran mineros, por lo que creció estrechamente vinculada al mundo obrero en general y al de la minería
en particular: «He sido mujer, hija y nieta de mineros. Los mineros eran la gente peor pagada y la que peor vivía. En Vizcaya
llueve 160 o 170 días al año, y esos días no se trabajaba. Y a esos
días hay que añadir los domingos y las fiestas de guardar. Imagi-
nad a qué quedaba reducido el salario de un minero. De comer
no faltaba, pero era horrible, sobre todo en invierno».

Como otros muchos niños de la localidad, pasaba tardes enteras en la Casa del Pueblo, un centro para mineros donde oyó sus
primeros discursos y donde fue descubriendo los conflictos propios de los trabajadores. «Mi barrio estaba en el centro obrero y
el Partido Socialista tenía su sede en el centro obrero, en la mis-

ma casa donde yo nací pero en otra esquina. Y todas las tardes desde niños, en cuanto abrían el centro, nos metíamos allí y nos dejaban que estuviéramos por allí mientras no molestásemos a los oradores que estaban en el escenario. Y allí oí hablar de socialismo, oí hablar de la lucha de clases, y todo eso iba formando mi conciencia con frases nuevas y cosas que hasta entonces no sabía».

En seguida destacó como buena estudiante en la escuela de Gallarta. «La escuela para mí fue lo fundamental. Las escuelas en el País Vasco eran muy buenas. Y la maestra que yo tuve era maravillosa. Se merecía un monumento, porque educó a centenares y centenares de hijas de mineros. Mi mejor recuerdo de la infancia es la maestra». Posiblemente fue la primera persona que creyó en sus posibilidades. De hecho, Dolores llegó a realizar el curso preparatorio para ingresar en la Escuela Normal de Maestras e iniciar los estudios de magisterio. Pero la suya era una familia humilde y tradicional. Como ella misma explicaba: «Mis padres podrían haberme pagado los estudios. Pero las vecinas, todas mujeres de mineros, les decían: '¿Cómo sois tan tontos? ¿Pensáis que a una hija de mineros le van a dar una escuela para ser maestra?' Así que en vez de a la Escuela Normal me enviaron a un taller de costura. No pude ser maestra, pero aprendí a coser». Su profesora, una mujer con una gran vocación, intercedió para intentar convencer a sus progenitores de que debían dejarla seguir adelante con su formación, pero todo fue inútil. Su alumna aventajada tuvo que abandonar el sueño de ser maestra y ponerse a trabajar de sirvienta para ayudar a sacar adelante la economía familiar. Su vida parecía encaminada, pues, a ser como la de otras muchas chicas de su clase. Pero Dolores tenía un carácter demasiado fuerte y un espíritu demasiado luchador como para dejarse vencer por las circunstancias y los convencionalismos, y encontró un camino mucho más interesante y enriquecedor:

«No me hubiera gustado vivir simplemente metida en casa fregando los cacharros y teniendo que cuidar de los hijos. Ésa es la vida corriente de las mujeres de los trabajadores, pero esa vida no es muy agradable».

Su matrimonio le muestra el camino a seguir

En 1916 Dolores se casó con Julián Ruiz Gaviña, un muchacho minero y socialista de su entorno, y empezó a tener hijos. Su primogénita, Ester, murió a los tres años. Su segundo hijo, Rubén, sobrevivió. Con el tiempo llegaría a ser Teniente Mayor del Ejército Rojo; murió durante la II Guerra Mundial en la batalla de Stalingrado. Tuvo también unas trillizas, Amagoia, Azucena y Amaya, pero la primera falleció al poco de nacer y la segunda con 2 años. Y finalmente tuvo a Eva, que murió a los ocho meses. Su faceta de madre le reportó, pues, más penas que satisfacción: «He llorado tanto. Yo tenía un hijo que era mi ilusión, y lo perdí en las luchas por Stalingrado. Ése ha sido el mayor dolor de mi vida. Se me han muerto otros hijos, cuando eran niñitos pequeños. Pero la muerte de Rubén ha sido el gran dolor de mi vida. Era teniente, era joven, tenía 21 años». Siempre afirmó sin dudarlo que: «Amar, amé fundamentalmente a mis hijos. Y luego, en general, a la clase obrera, a la cual yo pertenecía y por la cual he luchado mucho.»

Pero a pesar de las desgracias y la tristeza, Dolores supo encontrar el lado positivo de la vida que le había tocado en gracia. «Soy fuerte porque he nacido así, de una familia vasca. En general, los vascos son bastante fuertes. Y no me amilanan ni el trabajo ni las dificultades: hay que luchar…pues hay que luchar; hay que salir adelante…pues hay que salir adelante.» De la mano de su marido accedió al mundo de la política y empezó a interesarse por la lucha obrera. Poco a poco, y de forma autodidacta, fue adquiriendo conocimientos sobre el marxismo y se dio cuenta en seguida de que esa doctrina constituía una herramienta idónea para luchar a favor de la liberación de la clase obrera. Todo ello le obligó a cuestionarse su educación tradicionalista y católica, pero eso no le supuso un problema ni la detuvo: «Cuando supe qué significaba el socialismo me dije que ese era mi camino y que por ese camino tenía que marchar».

El nacimiento del Partido Comunista

Cuando en 1917 se produjo la huelga general revolucionaria, Dolores Ibárruri decidió pasar a la acción e implicarse definitivamente en la causa. Tenía claro que quería luchar contra las injusticias: «Hay que hacer la revolución porque es necesario cambiar las instituciones de los pueblos. No es posible mantener una situación donde una minoría pueda vivir a costa de la mayoría. Hay que cambiar eso, y hay que conseguir que los que trabajan sean quienes dominen y quienes dirijan, y no los que viven simplemente del trabajo de otros». Convencida pues como estaba, se hizo miembro de la agrupación socialista de Somorrostro, localidad en la que residía desde que se casara.

A pesar de su escasa formación académica, interrumpida prematuramente, y al hecho de ser mujer, fue adquiriendo prestigio como oradora y también como articulista política. Tenía un don innato para comunicarse con la gente y para contagiarle su entusiasmo y sus convicciones. Y tenía muy claro cuál era el objetivo: «En un mundo como el nuestro hay que luchar. Vivimos en un mundo en el que existen las clases. Lógicamente hay que luchar por la democracia, pero sobre todo por el socialismo. Porque sólo con el socialismo se encuentra el camino para que los hombres puedan vivir felices, para que los pueblos sean ellos mismos y los dueños de sí mismos. Luchamos por mejorar las condiciones de vida de la clase obrera. Luchamos por terminar con la explotación capitalista. Luchamos por establecer el socialismo en nuestro país. Por eso luchamos». Con el tiempo, su prosa apasionada, sensible y coherente la acabaría convirtiendo en símbolo de la resistencia y la combatividad de la España republicana.

En 1919, cuando se produjo el triunfo de la Revolución Bolchevique, Dolores quedó completamente cautivada. Por eso el 5 de abril de 1920 no dudó en participar, junto con la agrupación socialista de Somorrostro, en la escisión del Partido Socialista Español (PSOE) que dio lugar al nacimiento del Partido Comunista Español (PCE). Desde ese momento su implicación fue cada vez mayor. Ese mismo año fue nombrada miembro del Comité Provincial del partido y en 1922 comenzó a escribir en la publicación *La Bandera Roja*, periódico comunista que se editaba por aquel entonces en Bilbao.

La Pasionaria ingresa varias veces en prisión

Dolores Ibárruri se convirtió poco a poco en un elemento indiscutible del Partido Comunista de España y en 1930 pasó a formar parte de su Comité Central. Sin embargo, seguía siendo la persona sencilla de siempre: «Yo no le daba mucha importancia a lo que hacía. Había que trabajar. Había que ir a hablar a no importa dónde y ibas a ese sitio. Pero sin pensar que tú eras el personaje que tenía que resolver todos los problemas. No era más que trabajo y más trabajo». Un año más tarde, en 1931, decidió trasladarse a Madrid, la capital de España, con el fin de poder trabajar en la redacción de *Mundo Obrero*, que era el órgano del partido. En marzo de 1932 fue reelegida miembro del Comité Central en el IV Congreso del Partido, que se celebró en Sevilla. En ese mismo congreso el equipo de José Bullejos fue reemplazado por el de José Díaz Ramos, que se convirtió en su nuevo Secretario General.

En este período, sus ideas políticas y su activismo como luchadora incansable y absolutamente implicada en la causa le llevaron a ingresar en prisión varias veces. La primera ocasión fue arrestada en 1931 mientras trabajaba en la redacción del periódico del Partido *Mundo Obrero* y la segunda después del IV Congreso del PCE. Las estancias en prisión, sin embargo, no la amedrentaron ni la hicieron dudar. Era fuerte y estaba plenamente convencida de las ideas que defendía. Así que siguió fiel a su hoja de ruta más allá de los castigos y las represalias, gritando a los cuatro vientos sus proclamas revolucionarias: «No voy a decir que soy muy valiente, pero yo no soy miedosa. Cuando ha habido que enfrentarse con quien sea, yo no he vacilado en enfrentarme».

En 1933 realizó su primer viaje a la URSS y a su vuelta presidió el I Congreso de la Organización de Mujeres contra la Guerra y el Fascismo de España. Tres años más tarde, en febrero de 1936, fue elegida diputada del Frente Popular por Asturias. Lo primero que hizo una vez aceptado el cargo fue liberar a los presos que habían sido encarcelados en Oviedo tras la Revolución de Octubre. Abrió literalmente las puertas con los llavines y les dejó salir. «Claro que abrí las cárceles en el 36, en Oviedo. Cogí las llaves y abrí las puertas para que salieran todos los presos. Y no pasó nada. Simplemente salieron». En el homenaje a los amnistiados y víctimas de dicha represión, que tuvo lugar en la plaza de toros de Madrid, pronunció un sentido discurso fiel a sus dotes de oradora, uno de los varios que han quedado para los anales de la historia.

La Guerra Civil la ensalza a lo más alto

Así pues, cuando estalló la Guerra Civil, Dolores acababa de ser elegida diputada pos Asturias. Parece que la contienda no hizo sino motivarla todavía más y siguió luchando a pie de calle. Igual se encerraba en un pozo con los mineros asturianos que se habían declarado en huelga que se plantaba en una calle de un suburbio madrileño y se solidarizaba con un grupo de vecinos desahuciados cuyos modestos enseres habían sido arrojados sin miramientos a la vía pública. Durante los años de conflicto visitó el frente varias veces, siguió con sus viajes de propaganda republicana, como el que realizó a París en 1936, y siguió dando inflamados discursos. Este tipo de acciones tan solidarias y cercanas junto con su acertada y encendida oratoria la convirtieron en una figura muy popular, sobre todo entre la gente menos favorecida. Pero ella seguía sin darse importancia: «Yo no soy una mujer excepcional. Soy una mujer del pueblo que sufre como sufren todas las mujeres».

También fue en esta época cuando inventó o se apropió de algunas de las frases que se hicieron célebres durante la contienda, como la archiconocida: «¡No pasarán!» o la de: «Más vale morir de pie que vivir de rodillas». Esas frases, que tanto se usaron entonces y que tantas veces se han repetido después, sintetizan sin duda la forma de ser y sentir de esta luchadora nata.

Podemos decir pues que entre 1936 y 1939 se produjo el apogeo de su vida política revolucionaria y que se convirtió en la figura más popular del PCE. Por un lado pasó a ser la segunda persona más importante dentro del Partido Comunista, sólo por detrás de su secretario general, José Díaz. Por otro adquirió la categoría de mito, se convirtió en una figura idealizada por la leyenda obrera y antifascista, al menos para una parte de los españoles.

Dolores se marcha al exilio

El 9 de marzo de 1939 Dolores decidió huir en avión en dirección a Orán y París. Partió desde el aeródromo de Monóvar, cerca de Elda: «Conmigo viajaron Juan Negrín, Rafael Alberti y Enrique Líster, junto con otros miembros del gobierno, de la cúpula del PCE y del mundo de la cultura». Ya en la capital de Francia, asistió a la primera reunión de la Comisión Permanente de las Cortes en el exilio. Además, dirigió la Radio Independiente-Estación Pirenaica y desde allí con su voz siguió alentando a los obreros españoles, muy especialmente a los mineros asturianos que tan bien conocía.

En el año 1942 José Díaz se quitó la vida porque no podía seguir soportando los padecimientos que le provocaba una grave enfermedad. Y como no podía ser de otro modo Dolores Ibárruri le sucedió en el cargo de Secretaria General del Partido Comunista Español, cargo en el que se mantendría durante 18 años.

En 1947 se marchó a la Unión Soviética, el país que tanto la había maravillado con su revolución, para tratarse una enfermedad hepática. Acabó quedándose 6 años y desde allí continuó incansable su labor como representante de España en la Internacional Comunista. Mientras se encontraba allí, en 1953, asistió a los funerales de Stalin.

Finalmente, en 1960 fue desplazada del cargo de Secretaria General del partido por Santiago Carrillo, que venía siendo el jefe *de facto* desde cuatro años antes. Mantuvo, no obstante, el cargo honorífico de Presidenta del Partido.

La Pasionaria puede por fin regresar a España

En 1977, una vez muerto Francisco Franco e iniciado el proceso de transición a la democracia, Dolores Ibárruri decidió por fin regresar a su patria tras 38 largos años de exilio. Una vez en España fue elegida de nuevo diputada por Asturias. Pero lo cierto es que el comunismo prosoviético que ella había promulgado siempre ya no tenía el mismo sentido. La situación y las circunstancias habían cambiado. Probablemente esta mujer autodidacta, temperamental y espontánea llevaba demasiado tiempo lejos de su pueblo y de la calle. Eso, unido a sus problemas de salud le llevaron a tomar la decisión de retirarse de la vida política activa. Desde ese instante su papel pasó a ser más simbólico que real.

Uno de sus últimos actos públicos tuvo lugar en 1983, cuando participó en la manifestación de solidaridad con las Madres de la Plaza de Mayo argentinas. El hecho de haber perdido ella misma varios de sus hijos hacía que se sintiera muy cerca de ellas: «Para una madre la pérdida de un hijo no es cualquier cosa. Y por eso siento el dolor de otras madres. Comparto con ellas el dolor cuando pierden los hijos, porque sé lo que es perder los hijos».

Dolores Ibárruri, Pasionaria, falleció en Madrid el 12 de noviembre de 1989. Como comunista convencida que era, fue enterrada en el recinto civil del cementerio de la Almudena de Madrid: «Yo que he sido católica he llegado a la conclusión de que la religión no ayuda a desarrollarse ni a la clase obrera ni a los pueblos. Defiende los intereses de la burguesía, independientemente de que la religión pueda ser muy respetable. Así que quiero que me entierren en la tierra tranquilamente. He desaparecido y he desaparecido. No quiero más historias. Sólo tierra». Durante el entierro su amigo Rafael Alberti y Julio Anguita, entonces Secretario General del PCE, pronunciaron unas bellas elegías. Si uno se para a analizar un poco la fecha de su muerte se da cuenta en seguida de lo caprichoso que puede ser el destino, ya que murió el mismo mes y el mismo año en que finalmente cayó el muro de Berlín.

El pseudónimo de La Pasionaria

El pseudónimo con el que era conocida esta singular mujer lo escogió ella misma cuando empezó a escribir sus primeros artículos. Optó por el nombre de «La Pasionaria» porque su primer artículo, una colaboración para el periódico *El minero vizcaíno*, apareció durante la Semana Santa de 1918, y le pareció que era un nombre muy apropiado. Con él firmó el primer artículo y también los siguientes, y poco a poco el pseudónimo fue adquiriendo popularidad. A pesar de todo, ella tenía muy claro quién era: «Yo me llamo Dolores Ibárruri. Pasionaria es el pseudónimo que utilicé cuando comencé a colaborar en el periódico de los mineros una Semana Santa, y por eso firmé como La Pasionaria, porque era una semana de Pasión, la semana de Pasión de la Iglesia. Por eso firmé así. Pero yo me llamo Dolores».

Durante los años de exilio, a algunas mentes pensantes les pareció que era más correcto eliminar el artículo, un vulgarismo propio de las clases populares, y Dolores pasó a ser «Pasionaria» a secas. Pero esas mentes se olvidaron de que se trataba de una mujer humilde, que jamás olvidó sus orígenes. De hecho siempre se sintió orgullosa de ellos y muy ligada a su pueblo minero. Quizás por eso su propuesta no triunfó y Dolores siguió siendo la que había sido siempre: La Pasionaria.

Dolores vestía siempre de negro o gris, llevaba el pelo recogido en un moño y un par de pendientes como única joya. Según parece se había puesto su primer vestido negro siendo todavía una niña, cuando murió su abuela, y después fue empalmando un luto con otro como solía ocurrir en la época. Con el tiempo se acostumbró: «Visto de negro porque cuando era joven tuve que guardar luto y luego ya no he querido cambiarlo. Y luego me hice mayor, y una mujer mayor vestida de colorines no está bien. Además, siendo una persona modesta como soy, es la forma más práctica de poder ir decentemente a cualquier parte». Y siguió fiel hasta el final a esa imagen recatada y austera.

El amor prohibido de La Pasionaria

Dolores Ibárruri no fue una mujer singular únicamente por su popularidad desbordante y por su fuerte implicación política. Lo fue también porque mantuvo una relación amorosa con Francisco Antón, un hombre 17 años más joven que ella del que se enamoró locamente. Esta relación fue también una auténtica revolución, aunque en este caso de ámbito privado. Y es que las mujeres de la época no solían mantener relaciones con un amante, o al menos no lo reconocían abiertamente, y mucho menos con un chico joven que casi podía ser su hijo. Era algo que resultaba completamente inconcebible, incluso para los hombres que militaban en su propio partido. De hecho, tanto el partido socialista como el partido comunista, los más progresistas y liberales, le exigieron como condición para seguir militando en sus filas que abandonara dicha relación.

Dolores, sin embargo, no sólo hizo caso omiso de dichas advertencias, sino que además convirtió a Francisco en comisario político, se enfrentó por él con Indalecio Prieto y le pidió que no lo enviara al frente, y lo promocionó hasta la cúpula del Partido Comunista de España.

Cuando terminó la guerra, Antón fue capturado por los nazis, algo que su amada no podía consentir. Dolores movió cielo y tierra, tiró de todos los hilos y finalmente consiguió que el mismísimo Stalin se lo reclamara a Hitler. Ni que decir tiene que sus esfuerzos se vieron recompensados. Su amante fue liberado y pudo reunirse de nuevo con ella en Moscú. Está claro que Dolores era una mujer que sabía luchar por aquello que quería y que no se detenía ante nada, ni en su vida política ni tampoco en su vida privada.

Finalmente, tras una década de relaciones apasionadas y también algo turbulentas, coincidiendo con un período en que Dolores tuvo problemas de salud cumplidos ya los cincuenta años, la relación con Antón llegó a su fin. Parece que la ruptura tuvo que ver con el hecho de que éste se enamorara en Francia de una chica joven y hermosa con la que tuvo una hija. Su historia de amor había pues tocado a su fin y ambos decidieron seguir adelante con su vida, pero por separado.

Luces y sombras de la popularidad

Dolores Ibárruri fue pues una figura tremendamente popular y muy querida, pero también, o quizás precisamente por eso, tuvo muchos detractores y hubo de soportar numerosas críticas y calumnias, las más de las veces infundadas o fruto de la envidia: «Se han dicho cosas terribles de mí. Que he matado a un cura, que le he mordido el cuello. En fin, tantas imbecilidades y tantas tonterías: yo no le he dado importancia. Tenía la conciencia tranquila». Se trataba de una representante del sexo débil, de origen humilde, que era capaz de mojarse por los demás y que no se detenía ante nada si estaba convencida. Y eso debió levantar muchas ampollas y molestar a mucha gente.

El 16 de junio de 1936 pronunció uno de los discursos más sonados y recordados de su carrera en el Parlamento denunciando las maquinaciones fascistas y la preparación de un golpe de estado con la complicidad de muchos militares, capitalistas y terratenientes que seguían conspirando ante la pasividad del gobierno. Las represalias no se hicieron esperar. Los reaccionarios difundieron inmediatamente toda clase de versiones fantásticas sobre dicho discurso, como la que aseguraba que había amenazado a Calvo Sotelo, y le reprocharon su supuesta promiscuidad sexual para desacreditarla, aunque no fuera más que una calumnia.

A cambio tuvo una hermosa relación de amistad con numerosas poetas. «A mí me gusta mucho la poesía, —afirmaba— pero yo no tengo arte para la poesía. A cualquier mujer y a cualquier persona con un poco de sentido le gustan las artes. Lo mismo la música que la poesía que la pintura. Todo lo que humaniza y anima y estimula al pueblo, gusta.» Algunos de ellos, como Nicolás Guillén, Antonio Machado, Rafael Alberti o Miguel Hernández, le dedicaron bellas y sentidas palabras. Con la mayoría, la admiración era mutua: «Rafael Alberti no solamente es un gran poeta, sino un gran camarada».

He aquí unos versos que le dedicó su estimado amigo Alberti:

Una Pasionaria para Dolores

¿Quién no la mira? Es de la entraña
del pueblo cántabro y minera.
Tan hermosa como si uniera
tierra y cielo de toda España.
¿Quién no la escucha? De los llanos
sube su voz hasta las cumbres,
y son los hombres más hermanos
y más altas las muchedumbres.
¿Quién no la sigue? Nunca al viento
dio una bandera más pasión
ni ardió más grande un corazón
al par de un mismo pensamiento.
¿Quién no la quiera? No es la hermana,
la novia, ni la compañera.
Es algo más: la clase obrera,
madre del sol de la mañana.

Mata Hari,

la espía más erótica y menos comprometida del mundo

«¿Una ramera? ¡Sí!, pero una traidora, ¡¡jamás!!»

El nombre de Margaretha Gertruïda Zelle no dice nada a la mayoría de la gente. Se trata sin embargo de una mujer fascinante que nació en la localidad holandesa de Leeuwarden, en el norte de los Países Bajos, el 7 de agosto de 1876, y a la que todo el mundo conoce de sobra. Me refiero a Mata Hari, una mujer sofisticada, original y transgresora que triunfó gracias a que supo explotar y sacar partido a su sensualidad desbordante.

Siendo apenas una niña perdió a su madre, una mujer de ascendencia javanesa. Por eso tuvo que criarse con su padre, Adam Zelle, un modesto sombrerero con muchas ínfulas al que le gustaba aparentar una posición y una riqueza que distaba mucho de poseer. Precisamente por estos delirios de grandeza y por sus costumbres extravagantes, que probablemente dejó en herencia a su hija, sus vecinos le apodaban «el Barón».

A los seis años Margaretha entró en el colegio más caro de la ciudad. El primer día llegó a clase en una carreta dorada tirada por dos cabritas blancas engalanadas de forma principesca, todo idea de su padre. Sus compañeras se burlaron de ella, pero Margaretha no se disgustó ni sintió la más mínima vergüenza. De hecho disfrutó enormemente siendo el centro de atención. Con los años, una antigua compañera suya afirmaría: «Era diferente de las demás niñas porque en su naturaleza estaba el deseo de brillar».

Su físico le acarrea los primeros problemas

Como era previsible, su progenitor acabó completamente arruinado e incapaz de hacerse cargo de su descendencia. Entonces, un tío suyo se hizo cargo de ella y de sus tres hermanos pequeños y la mandó a la Escuela Normal de Lyden. Margaretha tenía ya 15 años y se había convertido en una chica hermosa, alta y esbelta, con unos bonitos ojos muy expresivos y un aire un tanto exótico. Y fue entonces, siendo apenas una adolescente, cuando empezó a descubrir su poder sobre los hombres. El director de la Escuela Normal de Lyden, Wibrandus Haanstra, un hombre casado mucho mayor que ella, que hasta entonces se había comportado siempre de forma prudente y digna, se obsesionó con ella y se convirtió en el hazmerreír de la institución. Le escribía cartas exaltadas y poemas cursis, la perseguía a todas horas y hasta se arrastraba llorando a sus pies. Al principio Margaretha se sintió halagada, pero no tardó en cansarse. Un buen día no pudo soportarlo más y decidió marcharse a La Haya, a casa de su tío Taconis, un antiguo comerciante de tabaco ya retirado. Aburrida y sin grandes cosas que hacer, se refugió en la lectura. Devoraba novela tras novela y soñaba con escapar del dominio de su tío para poder vivir también ella alguna aventura.

Margaretha decide casarse sin más

Corría el año 1895, cuando una mañana, recién cumplidos los diecinueve años, Margaretha leyó un anuncio en el que se solicitaba una esposa para un oficial del ejército holandés: «Oficial destinado en las Indias Orientales holandesas desearía encontrar señorita de buen carácter con fines matrimoniales. Interesadas adjuntar una carta con referencias.» No dudó ni un instante. Y no sólo mando la carta, sino que además metió en el sobre una fotografía suya para impresionar al capitán y conseguir su aceptación. Tal y como ella había imaginado, la estratagema funcionó y quedaron para conocerse. El caballero en cuestión era Rudolf MacLeod, un capitán de origen escocés que contaba con 39 años de edad. Se presentó al encuentro con sus galones, su chaquetilla militar y su sable. Ambos quedaron gratamente impresionados e iniciaron un apasionado romance. Ella misma escribió por aquel entonces: «Qué suerte que los dos tengamos el mismo temperamento ardiente». Tanto ardor, sin embargo, acabó como era de esperar: con un embarazo imprevisto y con una boda precipitada. Al poco tiempo el capitán MacLeod fue nombrado Comandante de Infantería en Java, una de las islas de Indonesia, curiosamente la misma de la que era originaria su madre. Y allí se trasladó el matrimonio con Norman, su primogénito. Tuvieron a su segunda hija, Louise, y Margaretha empezó a interesarse por las técnicas de baile asiáticas, por las que en seguida se sintió fuertemente atraída. Y entonces ocurrió una tragedia. Su hijo Norman murió en extrañas circunstancias, según parece a causa de un envenenamiento en venganza por el trato que el padre de la criatura había dado a un sirviente nativo. Fuera como fuese, la muerte de dicho hijo supuso un duro golpe para la familia. Rudolf se refugió en la bebida y pasaba cada vez más tiempo lejos de casa y cuando regresaba se mostraba violento con su esposa. Margaretha por su parte le culpaba de la muerte del pequeño y se sentía cada vez más sola y abandonada. Pero no era el tipo de mujer que se deja vencer fácilmente ni a la que le gusta ir de víctima. Así que decidió ocupar su tiempo en cosas que despertaran su interés. Centró su atención en la cultura javanesa, las danzas nativas y las técnicas amatorias propias de Oriente, algo que con el tiempo le permitiría reinventarse y llevar una vida regalada. Su marido empezó a acusarla de casquivana y viciosa y a mostrarse instransigente con ella. Después de varios altercados y de numerosas acusaciones cruzadas, el matrimonio se rompió de forma definitiva. Margaretha tenía tan sólo 27 años. Tras la separación, intentó conseguir la custodia de su única hija, pero los tribunales holandeses se la denegaron a causa de las declaraciones de su marido, que la acusó de llevar una vida libertina y disoluta. Como adujo su abogado: «La demandada aparece en cafés-concierto y en circos y allí ejecuta danzas llamadas brahmánicas y lo hace completamente desnuda». Fue entonces cuando decidió poner tierra de por medio y marcharse a París.

Margaretha se convierte en Mata Hari

Margaretha había heredado ciertos rasgos orientales de su madre y también su piel morena. Además era atractiva y tenía un cuerpo esbelto. Desesperada ante la falta de recursos económicos, se dio cuenta de que tenía que reinventarse para poder empezar de cero y empezar a ganarse la vida. Nunca le había faltado imaginación, una cualidad sin duda heredada de su padre, así que decidió hacerse pasar por una supuesta princesa de Java que ejercía de bailarina exótica: «Nací en un templo sagrado hindú. Mi madre, una gloriosa bayadera del templo de Kanda Swany, murió a los 14 años, el día de mi nacimiento, y los sacerdotes del templo decidieron adoptarme. Me pusieron el nombre de Mata Hari, que significa 'ojo del amanecer'. Fueron ellos los que, siendo yo una niña, me revelaron las sagradas danzas de mi pueblo, el devanda-sisher o el kandaswami, en la mismísima pagoda de la diosa Shi-va. Por eso puedo afirmar que mis danzas son pura espirituali-dad». Y lo afirmaba sin tan siquiera sonrojarse. Pensó acertadamente que si se mostraba semidesnuda o haciendo *strip-tease* mientras realizaba danzas exóticas llenas de sensualidad con-seguiría la admiración y el dinero de nobles y plutócratas. No hay que olvidar que el ambiente cultural de la época era propicio a dejarse fascinar por el encanto de lo exótico. El invento funcionó, así que esta singular mujer poco a poco hizo de la mentira y de la fabulación su forma de vida. Primero para sobrevivir, y luego para poder vivir a lo grande.

El 13 de marzo de 1905 hizo su primera aparición en el Museo Guimet, el Museo Nacional de Artes Asiáticas, en una función pro-movida por el propio Guimet. Ofreció un espectáculo de lo más morboso y sórdido en el que realizaba una sensual danza oriental rodeada de tumbas y sarcófagos. A partir de ese momento su fama no haría sino aumentar. Eran muchos los que querían verla y ha-cían lo que fuera para conseguir una localidad en primera fila. Pa-rís entero cayó rendido a sus pies. Con su gracia y su estilo único supo transformar el *striptease* en arte y cautivó por partes iguales a críticos y espectadores. En un artículo de la época uno de los críti-cos decía refiriéndose a ella: «Una plegaria danzante, la larga ple-garia de amor al astro deseado se exhalaba de todas sus palpitacio-nes; se estremecía, giraba, ascendía. La bayadera sagrada angustiaba a sus bellos brazos amorosos, los martirizaba para que se atrevieran al gran gesto. El vientre se henchía. La piel se torcía, clamaba, se ofrecía… ¡La luna!». Y otro: «Mata Hari es Absaras, hermana de las ninfas, de las Ondinas, de las valkirias y de las ná-yades, creadas por Indra para la perdición de los hombres y de los sabios». A partir de ese momento empezaron a lloverle suculentos contratos en las principales capitales europeas que ella supo explo-tar a la perfección.

La bailarina se convierte en un mito

Desde el principio circularon alrededor de su figura informaciones dudosas y escandalosas. Una publicación de la época afirmó, por ejemplo, que la inclasificable bailarina hacía beber a sus amantes «un brebaje amoroso compuesto por pimienta chava, raíces de ouchala, granos de sanseviera y de box bourguiana, zumo de kshira y ramas de schadavanstro», es decir, productos que nadie conocía y que, por tanto, podían servir perfectamente a los fines ocultos y manipuladores de su autora.

Ella era la primera que explotaba cuanto podía la mitificación de su personaje, y lo hacía con cualquier excusa. De hecho, se encargó personalmente de tejer una inextricable red de rumores y fantasías con el fin de convertir su vida en un enigma. Así, declaró en numerosas ocasiones lo siguiente: «Yo no enseño los pechos porque mi ex marido, en un ataque de celos y rabia, me arrancó el pezón izquierdo de un mordisco». Añadía así otro rasgo inquietante a su persona. Sin embargo, uno de sus amantes declaró: «Tiene los pechos pequeños y se avergüenza de la palidez de sus pezones. Por eso los mantiene cubiertos aunque desnude el resto de su cuerpo».

O fabulaba diciendo cosas como que «estando en la India un maharajá me invitó a una cacería de tigres, y durante esa cacería vi cosas que me inspiraron tres nuevas danzas». Le encantaba darse aires e ir de diva: «En Madrid, jamás llegué a pisar la calle porque cada vez que aparecía en la puerta del Hotel Ritz, una legión de caballeros arrojaban sus capas al suelo para que caminara sobre ellas, poniendo ante mí una alfombra que nunca se acababa». Asimismo, se jactaba de que «cobraba 10.000 francos diarios en el Olympia de París, vivía en un palacete y me alojaba en los mejores hoteles del mundo».

Mata Hari se convierte en espía

Pero esta singular mujer que hizo célebre la danza de los siete velos, interpretándola con una pasión y una sensualidad inigualables, no se limitó a ser bailarina. Gracias al mito que había creado, un buen número de aristócratas y personalidades del momento intimaron con ella e intentaron descifrar en la cama el misterio que la envolvía. Supo explotar su atractivo y su elegancia, y no tardó en convertirse en una cortesana sagaz que recorría Europa de punta a punta, que se dejaba ver en los salones más importantes y que se introdujo en las más altas esferas de la política y, sobre todo, del ejército. La acusaron de «perseguir la perdición de los hombres y de los sabios». Pero ella se defendía diciendo: «Amo a los militares. Los he amado siempre y prefiero ser la amante de un oficial pobre que de un banquero rico». Mientras reinó la paz nadie puso pegas a su forma de vida libertina, pero con la llegada de la guerra todo cambió y sus idas y venidas, así como las relaciones que mantenía con determinados personajes, empezaron a parecer sospechosas.

En julio del año 1914, unas semanas antes de que estallara la I Guerra Mundial, Mata Hari liquidó sus bienes y viajó a Alemania, concretamente a Berlín, donde se dejó ver con frecuencia en los círculos políticos, sociales y policíacos de mayor categoría. Según parece, bailaba en un famoso music hall y mantenía una relación amorosa con el jefe de policía de la ciudad. Unos meses más tarde viajó a Holanda y se alojó en el Hotel Victoria de Ámsterdam. En marzo de 1915 regresó a Francia donde se la vio salir a menudo con el jefe del espionaje alemán. Más adelante, mientras se encontraba en Madrid, se filtraron murmuraciones sobre que era amiga íntima e incluso posible cómplice de Von Hintzen, más conocido como «el hombre de las cien máscaras», que era el jefe de la inteligencia alemana en España. Se alojaba en el Hotel Palace, que por aquel entonces era el lugar donde recalaban todos los espías de una y otra nacionalidad. En definitiva, salió con muchos oficiales de uno y otro bando. Y es que a Mata Hari le volvían loca los uniformes, como ella misma reconocía: «Me encantan los uniformes, siempre me han vuelto loca». Fue precisamente en esa época cuando los servicios de inteligencia aliados empezaron a considerar que sus actividades parecían bastante sospechosas y decidieron empezar a vigilarla de cerca.

Mata Hari también es capaz de enamorarse de verdad

A pesar de que mantuvo relaciones con muchos hombres poderosos, Mata Hari también era capaz de enamorarse como una colegiala. Su príncipe azul se llamaba Vadim Masloff y era un soldado ruso que se encontraba destinado en Francia. Se conocieron mientras él estaba de permiso en París, en 1916, se enamoraron y pasaron varios días con sus noches sin separarse el uno del otro. Y ese amor, quizás uno de los pocos episodios completamente sinceros de su vida, sería indirectamente la causa de sus desgracias.

En la primavera de 1916 Mata Hari regresó a París y se alojó en el Gran Hotel. Según los informadores que la seguían día y noche, se dedicó a relacionarse con oficiales de las naciones aliadas que se encontraban allí de paso. Ese mismo año contactó con Ledoux, del Servicio de Espionaje y Contraespionaje francés. La trama de espionaje en la que se vio envuelta Mata Hari a partir de ese momento se volvió tremendamente enrevesada, hasta tal punto que a día de hoy son muchos los puntos que siguen sin esclarecerse. Uno de esos puntos fue sin duda esta visita a Ledoux. Según la versión de nuestra protagonista, fue a visitar al capitán Ledoux para pedirle un salvoconducto que le permitiera ir a Vittel, donde se encontraba el hospital militar en el que estaba su amado Vadim Masloff, al que habían herido en un ojo. También según su versión, en el transcurso de esa entrevista, Ledoux le propuso que prestara servicios como espía a favor de Francia, y ella aceptó. La versión del propio Ledoux, no obstante, es muy distinta. Fue ella la que fue a verle y a ofrecerle sus servicios como espía. Él, sin embargo, había desconfiado porque sabía que sobre ella recaían sospechas de trabajar para los alemanes. Por eso decidió dejarla actuar pero manteniéndola estrechamente vigilada y así intentar descubrir lo que estaba tramando. El hecho de que en Vittel se estuviera construyendo en esa época un aeródromo que interesaba mucho al Estado Mayor alemán, contribuía a enturbiar todavía más las cosas.

La cuestión es que Ledoux le confió una misión en Holanda para ponerla a prueba, pero ella no consiguió llegar a su destino y se dirigió a España, centro en aquella época del espionaje y el contraespionaje internacional.

De vuelta a Madrid «decidí trabajar por mi cuenta para intentar convencer a los franceses de mi fidelidad». Se hizo amante del comandante Von Kalle, agregado militar alemán, y gracias a ello consiguió informar sobre un desembarco de tropas alemanas en Marruecos, información que pasó rápidamente a Ledoux. Pero los franceses seguían desconfiando de ella ya que pensaban que era una espía doble que jugaba a dos bandas, con ellos y con el enemigo.

Un mensaje envenenado provoca el arresto de Mata Hari

Y entonces se produjo un hecho que pareció confirmar los temores de los franceses y que acabaría con el arresto de Mata Hari, posibilidad que a ella ni siquiera le había pasado por la cabeza. Los franceses interceptaron un radiograma enviado por Kalle al jefe del espionaje alemán en Holanda en el que pedía que remitieran a la Oficina de Pagos de París la suculenta cantidad de 30.000 francos, cantidad cuyo destinatario era el agente secreto alemán H21. El agente en cuestión debía retirarlos del Banco Comptoir d'Escompte.

Mata Hari llegó a París en enero de 1917. El servicio francés de contraespionaje al completo estaba pendiente de sus movimientos, ya que sospechaban que podía ser el agente H21. Cuando entró en el banco Comptoir d'Escompte y retiró ese dinero firmó, sin saberlo, su sentencia de muerte. La vigilaron unas cuantas semanas más para intentar conseguir nuevas informaciones y finalmente, el 13 de febrero a las siete de la mañana, varios agentes irrumpieron en sus aposentos del Hotel Élysée Palace, en plena avenida de los Campos Elíseos. Allí mismo la sometieron a un primer interrogatorio a resultas del cual decidieron detenerla y trasladarla a la prisión de Saint Lazare, donde permanecería ocho largos meses. Se inició entonces uno de los procesos más escandalosos de la primera mitad del siglo XX relacionados con el espionaje.

El juicio irregular de Mata Hari

Mata Hari fue acusada de espionaje, de ser una agente doble que trabajaba para Alemania y para Francia a la vez, y de haber causado con ello de forma indirecta la muerte de miles de soldados.

El juicio a Mata Hari fue llevado en secreto y a puerta cerrada. Desde el principio se produjeron toda clase de irregularidades procesales, omisiones de lo más sospechosas y numerosos malos entendidos que nadie se molestó en corregir. Pero también de grandes desplantes por parte de la acusada, que no parecía darse cuenta de la gravedad de la situación en la que se encontraba. Así, se permitió hacer comentarios como: «Si alguien dice que me proporcionó información secreta, el delito lo cometió él, no yo. Además, cómo sabe que los franceses no lo sabían antes de que usted me dijera nada?» Incurrió, asimismo, en algunas contradicciones durante los distintos interrogatorios a los que fue sometida, algo por otra parte previsible en alguien que estaba acostumbrada a fabular sobre su propia vida y a representar un personaje la mayor parte del tiempo. Además, no podía negar que había recogido el dinero, aunque ella adujo que los motivos eran otros: «¡Es mi tarifa! ¡Jamás nadie me dio menos! Si un hombre es mi amante, lo natural es que pague por los servicios prestados, ¿no cree usted?».

Mata Hari es sentenciada a muerte

Cuando los jueces leyeron la sentencia en la que Mata Hari era declarada culpable y sentenciada a la pena de muerte, ella se mostró extrañada pero serena. Simplemente no lo comprendía. De hecho, cuando le preguntaron si tenía algo que objetar, contestó: «Nada. Sabéis toda la verdad. No soy francesa. Tenía derecho a tener amigos en otros países, pero seguí siendo neutral. Me atengo al buen corazón de los oficiales franceses».

En su sentencia influyeron sin duda la censura del sector más conservador de la sociedad francesa y el temor a que el enemigo pudiera hacerse con varios de los secretos militares del ejército francés en un momento tan delicado de la contienda.

En aquella época el código penal incluía un artículo, concretamente el 27, que decía así: «Si una condenada a muerte declara estar embarazada y si se comprueba que está encinta, no sufrirá su pena hasta después de haber dado a luz». Su abogado, Edouard Clunet, gran amigo y admirador suyo, fue a verla y le aconsejó que se acogiera a ese artículo aunque sólo fuera para ganar algo de tiempo. Pero ella estaba tan convencida de que al final iba a ser absuelta que en esta ocasión, terrible paradoja, no vio la necesidad de mentir, y aseguró que no estaba embarazada.

También confirma su estado confiado el testimonio del médico que la atendió el día en que se dio a conocer el veredicto: «Le hice una visita el día en el que se dictó el veredicto; aseguro que su calma, su sangre fría, su indiferencia, me dejaron estupefacto. Mi papel exclusivamente médico me obligaba a observar una reserva absoluta; por eso, después de haberle preguntado por su salud, salí sin haberle prescrito cuando menos unas cápsulas de Veronal para que durmiera. Dos días más tarde, me di cuenta de que no lo necesitaba, pues en sus noches no percibía la perspectiva del siniestro desenlace de la tragedia en que estaba involucrada».

No sólo no se mostraba afectada, sino que se veía con fuerzas para hacer la siguiente clase de comentarios al propio médico: «No comunique lo que le digo a esas pobres religiosas que se empeñan en querer convertirme. Las infelices no comprenderían siquiera lo que la palabra *religión* significa en mis labios y harían sin duda el signo de la cruz si me oyeran mezclar las danzas y hasta las caricias con la liturgia. Porque soy hindú, aunque haya nacido en Holanda».

Mata Hari espera el indulto hasta el último momento

Hasta pocas horas antes de su fusilamiento, Mata Hari siguió convencida de que el presidente de la República francesa le concedería el indulto. Pensaba que sus contactos en las altas esferas la convertían en intocable y siguió proclamando hasta el final y de forma insistente que ella era inocente.

Cuando supo que no le iban a dar el indulto y que la iban a ejecutar, la que supo seducir a media Europa tan sólo dijo en voz baja: «No es posible». Pero luego en vez de derrumbarse exclamó: «¿Qué sentido tiene esta costumbre de ejecutar a los condenados en la madrugada? En la India, la muerte es una ceremonia que se celebra en pleno día, en medio de la muchedumbre coronada de jazmines». Y luego: «¡Bah, estos franceses...! ¿De qué les servirá haberme matado? ¡Si cuando menos esto les hiciera ganar la guerra! ¡Ya verán...»

Sin duda pecó de ingenua y no vio las consecuencias que podía tener prestarse a determinado tipo de actividades en tiempos de guerra, quizás porque estaba plenamente convencida de que siempre encontraría una mano amiga poderosa entre sus muchos amantes. O quizás porque ella misma había acabado creyéndose sus mentiras y engaños. Pero lo cierto fue que en cuanto tuvo problemas ninguno de sus antiguos amigos quiso saber nada de ella. Dado el escenario bélico había demasiado cosas en juego.

Mata Hari es fusilada sin miramientos

La mujer que tantas pasiones había despertado y que tanto misterio había sembrado a su alrededor fue ejecutada por un pelotón de fusilamiento en las zanjas de Vincennes el 15 de octubre de 1917. Tenía 41 años.

En la época circularon muchas historias acerca de su fusilamiento, como que antes de morir se despidió de los soldados del pelotón agitando la mano, o que llevaba puesto un abrigo de piel del que se despojó en un último intento de persuadir a sus ejecutores con sus encantos naturales, o que vendaron los ojos de los soldados encargados de disparar para evitar que sucumbieran a su atractivo.

Lo único que parece probado, sin embargo, es que dijo: «No quiero que me venden los ojos ni que me aten las manos. Me niego». Luego lanzó un beso de despedida a sus ejecutores y se dispuso a morir. Según los informes, de los doce soldados que dispararon, sólo cuatro consiguieron dar en el blanco. Uno de ellos acertó en el corazón, por lo que la acusada murió en el acto. Luego, el oficial que estaba al cargo de la ejecución, le dio el tiro de gracia, como era habitual en la época.

El cuerpo de Mata Hari no recibió santa sepultura. Fue donado a la ciencia para que los estudiantes de medicina pudieran practicar y mejorar sus conocimientos, algo que solía hacerse con los criminales y ajusticiados. Su cabeza fue embalsamada y permaneció en el Museo de Criminales de Francia hasta que, en 1958 desapareció misteriosamente.

Mata Hari, el chivo expiatorio de unos y otros

No hay duda de que Mata Hari era un personaje que resultaba incómodo e inquietante tanto para unos como para otros. Era un ser escurridizo, capaz de venderse al mejor postor y que había hecho de la mentira y el engaño todo un arte. De hecho, una de las tesis más difundidas en la actualidad es la de que los alemanes, para intentar deshacerse de ella cuando les empezó a resultar incómoda, idearon un plan perfecto. Tendieron una trampa al servicio de contraespionaje francés, algo que estaba a la orden del día, para que creyeran que efectivamente Mata Hari era una agente alemana. Para enviar el mensaje cifrado usaron una clave que sabían había sido descifrada ya por los franceses. Sólo que los franceses no sabían que ellos lo sabían, por lo que considerarían la información como absolutamente veraz. Realmente era un plan perfecto. Se deshacían de ella sin tener que ensuciarse las manos ya que el enemigo lo iba a hacer por ellos.

Hoy esta hipótesis puede parecernos una locura, pero en el escenario que se estableció durante la I Guerra Mundial era plenamente plausible, ya que se enviaban continuamente mensajes falsos para despistar al enemigo y se utilizaban todo tipo de argucias para confundir. A ello hay que añadir que el estilo de vida libertino de Mata Hari resultaba ofensivo para mucha gente, así que cuando la convirtieron en chivo expiatorio para hacer olvidar un poco los fracasos de Francia en la guerra, a muchos les pareció bien y otros simplemente no se atrevieron a decir nada en su favor.

Es muy probable que Mata Hari revelara datos sobre algunos movimientos alemanes y franceses, pero siempre de poca importancia, como fue el desembarco nocturno de algunos oficiales alemanes en Marruecos o la de algunos movimientos de las tropas francesas que aparecieron incluso en la prensa parisina. De hecho, es más que dudoso que Mata Hari recibiera una formación adecuada como espía. Se trató más bien de una cortesana que aceptó algunos encargos de esa índole para ganar dinero y poder mantener el ritmo de vida al que se había acostumbrado. Para ella era una especie de juego que le permitía ser independiente y vivir como quería. El problema fue que con la guerra las reglas del juego habían cambiado y ella no supo darse cuenta.

Hace algunos años, una asociación de su ciudad natal pidió al Ministerio de Justicia francés que realizara una revisión póstuma del caso de Mata Hari, dadas las numerosas irregularidades, contradicciones y dudas que lo habían salpicado. A día de hoy éste sigue sin haberse pronunciado al respecto. Como ella misma afirmó, «los sueños son plata, mis memorias, oro puro».

Arletty,

la actriz que acabó convertida en icono

«No poseo ningún retrato mío. Las fotografías se vuelve ridículas con el tiempo; las palabras, jamás.»

Léonie Marie Julie Bathiat, la que acabaría convirtiéndose en la famosa actriz francesa conocida con el nombre de Arletty, nació el 15 de mayo del año 1898 en un suburbio llamado Courbevoie. La suya era una familia trabajadora. Su padre, Michel Bathiat, era conductor de tranvía, y su madre, Marie Dautreix, lavandera. De modo que esta chiquilla inquieta y curiosa sólo pudo asistir a clase unos pocos años, pero eso no detuvo sus ansias de aprender: «Yo no estudié. Soy hija de un conductor de tranvías y hermana de un obrero, así que me limité a hacer la primaria. Después me he instruido por mí misma en los libros. Mi cama siempre estaba cubierta de libros. En cuanto terminaba uno, cogía otro». Así pues, gracias a los libros que tan ávidamente leía fue descubriendo otros mundos más allá del suburbio marginal que le había visto nacer: «Leer es tan importante como mirar, y mis ojos bebían las palabras como bebían el mundo».

El descubrimiento del primer amor

Al igual que muchas de las heroínas de sus libros, la joven Léonie se enamoró por primera vez de un muchacho. Pero la diosa Fortuna quiso que muriera de forma prematura en 1914, a los tres días de que se iniciara la I Guerra Mundial. Fue tal el dolor y la tristeza que la embargaron por la pérdida de ese primer amor que se juró entonces que no se casaría nunca y que tampoco tendría hijos: «No quiero ser una viuda de guerra ni, lo que sería todavía mucho peor, la madre de un soldado». Y lo cumplió a rajatabla, ya que jamás tuvo un hijo ni tampoco se casó.

Un par de años más tarde, cuando tenía 18 años, su padre murió en un accidente de tranvía, por lo que tuvo que ponerse a trabajar en una fábrica de armamento como otras muchas chicas de su generación. Sólo que ella tenía otros planes y no estaba dispuesta a conformarse con lo que el destino parecía tenerle reservado.

La joven Léonie decide dar un nuevo rumbo a su vida

A Léonie no le gustaba la vida del suburbio y decidió tomar las riendas de su vida. Seguramente por eso inició una relación amorosa con un banquero llamado Jacques Georges Lévy y aceptó mudarse a Garches. Allí fue vecina de Coco Chanel, del cantante y comediante André Brulé y de su esposa Ghislaine Dommanget, y supo aprovechar la oportunidad que se le ofrecía. De la mano de estos vecinos tan ilustres empezó a introducirse en el ambiente artístico y cultural de París. Dio clases de canto y de piano con Suzanne Jardin, alumna del famoso pianista Alfred Cortot. También conoció al pintor y coleccionista Paul Guillaume, que era marchante de Amadeo Modigliani y Picasso, y empezó a posar para algunos pintores, como Marie Laurencin, Kees van Dongen o Mosse Kisling. «En el año 1933 Mosse Kisling me retrató desnuda», contaba a menudo ella misma. Ese cuadro se conserva actualmente en el Museo del Petit Palais de Ginebra.

Por esa época, Léonie mantuvo una relación con Pierre de Regnier, hijo del poeta belga Pierre Louys. En 1928, no obstante, conoció a Jean-Pierre Dubost e inició una larga relación con él. Le gustaban los hombres inteligentes y cultos: «No digo que todos mis amantes hayan sido como Leonardo da Vinci, pero jamás he querido a un hombre que fuera completamente idiota. Los idiotas se toman la vida demasiado en serio. Yo, en cambio, no me tomo nada en serio: salvo los ojos».

Los inicios de su carrera

Los inicios de la carrera artística de esta actriz francesa estuvieron ligados al Music Hall y, más adelante, a algunas obras de teatro y al cabaret. Cobró cierta notoriedad gracias a la opereta *O mon bel inconnu*, de Sacha Guitry y Reynaldo Hahn, que se presentó en el Teatro de las Bouffes Parisiens.

Su debut cinematográfico se produjo en 1930 con La Douceur d'aimer de René Hervil. En 1934 participó en el film *Pensión Mimosas*. Muchos años más tarde afirmaría sin dudar: «Pensar en *Pensión Mimosas*, una película que se rodó en 1934 y en la que yo hacía un pequeño papel, me hace rejuvenecer».

Un par de años más tarde, en 1936, su carrera empezó a tomar cierto impulso gracias a su participación en *L'École des Veures,* de Jean Cocteau, y en las obras *Les Joies du Capitole* y *Fric-Frac*. Posteriormente, en 1937, apareció como la reina de Abisinia en *Les Perles de la couronne*, de Sacha Guitry.

Su nombre artístico, con el que saltó definitivamente a la fama y con el que sería recordada siempre, lo inventó su amigo Tristán Bernard, famoso por sus juegos de palabras. Así lo explicaba la propia actriz: «Arletty era el nombre de la heroína de un cuento de Guy de Monpassant. Fue Tristán quien me lo sugirió. Y Paul Guillaume pensó que me venía como anillo al dedo».

La carrera de Arletty se afianza

En otoño de 1938, unos meses antes de que estallara la II Guerra Mundial, mientras los generales alemanes preparaban la invasión, Arletty empezó a rodar la película que la lanzaría definitivamente a la fama, *Hotel du Nord*. Fue esa la época dorada de personajes como Carné y Prevért, Henri Jeanson y Jouvet, Barrault y Michael Simon. Y dentro de ese marco, Arletty se convertiría en todo un símbolo, aunque ella no quisiera reconocerlo: «¿Qué pretenden que haya representado yo? Prévert y Carné habrían existido igual sin Arletty, y aquella época hubiera destacado lo mismo incluso sin Prévert y Carné. Fue una época espléndida y suntuosa que anunciaba el fin de algo. ¿Y acaso no es la guerra el fin de algo?».

Fuera como fuera, la cuestión es que en 1938 Marcel Carné le propuso interpretar el papel de Raymonde en la película *Hotel du Nord*. Y que ella aceptó encantada: «Cuando me propusieron hacer *Hotel du Nord* yo acababa de ver *Quai des brummes*, de Marcel Carné, que me había encantado. En aquella época yo actuaba en el teatro de Henri Bernstein. Henri y yo hablábamos a menudo de las películas de Carné. Yo estaba maravillada con *Quai des brummes*, y a Henri también le había gustado mucho. ¡Vino a hablarme de ella a mi camerino!».

Así que se sintió enormemente privilegiada por la propuesta y, sobre todo, muy sorprendida: «Cuando Marcel Carné me descubrió yo no hacía cine, sólo había rodado algún papel pequeño en películas poco importantes. No era una estrella. Pero hacía muchos años que actuaba».

A pesar de llevar muchos años haciendo teatro era muy consciente de que no era una celebridad: «En *Hotel du Nord*, era la actriz Annabella la que encabezaba los créditos en el cartel. Era la mujer de Tyronne Power y había venido especialmente desde Hollywood. ¡Ella era la estrella!».

Sin embargo, su interpretación del personaje de Raymonde, una prostituta, resultó memorable. Consiguió una síntesis perfecta entre el espíritu canalla y la elegancia, una síntesis que le hizo saltar a la fama: «Cuando lo pienso, rodé tan sólo durante diez días. ¡Tan sólo diez días de mi vida!». Efectivamente, fueron muy pocos días, pero cambiaron para siempre el rumbo de su existencia. Además, fueron diez días muy especiales de los que conservó siempre muchos y buenos recuerdos: «Recuerdo que los técnicos de fotografía eran maravillosos. Eran unos granujas muy divertidos y con un gran talento». Disfrutó de cada detalle, de cada momento de la estupenda experiencia: «Para la escena del canal de Saint-Martin llevaba un vestido de Tchimoukof, que en realidad se llamaba Lou Bonin. Gracias a una ingeniosa cremallera quedaba simplemente genial. Y llevaba unos zapatos de Berrugia con una cinta sobre el tobillo, un bolso Schiap que parecía una bombonera y un abrigo de piel. También me acuerdo de la combinación negra que llevaba en la escena de la ventana».

Arletty quedó ligada para siempre al personaje de Raymonde, hasta el punto que muchos años después, en la década de los setenta, estando ya retirada, estalló un conflicto entre las prostitutas de París y la policía y Arletty decidió solidarizarse. Acudió a encerrarse con ellas en la iglesia en la que se habían refugiado. Ella misma explicaba esa anécdota: «Fui a misa con ellas. ¡Eran mujeres con auténtica categoría! Todas se preocuparon por mí y me trataron con gran deferencia. No me extrañó, porque me recibieron como si fuera su decana».

Gracias a sus interpretaciones se convierte en icono

A pesar de su gran éxito en la gran pantalla y de lo mucho que había disfrutado de la experiencia, ella siguió dedicándose sobre todo al teatro: «El éxito de *Hotel du Nord* no me incitó a hacer menos teatro, ni tampoco a dar prioridad al cine. El teatro es realmente mi oficio, y nunca he querido abandonarlo. A menos que me encontrara con piezas como aquella, que eran la excepción. Por ejemplo, justo después de *Hotel du Nord* Carné y yo hicimos juntos *Le jour se léve*, otra pieza maravillosa».

Arletty siguió rodando con Carné películas como *Les Visiteurs du soir, L'Air du Paris* o *Les Enfants du Paradis*, pero seguía afirmando que para ella el cine era secundario: «No hay que dar al cine más importancia de la que tiene. Además, en el cine yo pasé como Garance en *Les Enfants du Paradis*: como quien no se sabe de dónde viene ni se sabe adónde va». En *Les Enfants du Paradis*, que fue escrita por Jacques Prevert y coprotagonizada por Pierre Brasseur, Jean Louis Barrault y Maria Casares, interpretó el papel de Garance, otro de sus papeles memorables. De hecho, para muchos esa fue su mejor interpretación y la película, la más importante de todos los tiempos dentro del cine francés. Gracias a su participación en todas estas películas y a la brillantez de su arte Arletty se convirtió poco a poco en la más conocida de las actrices francesas y en musa del realismo poético de Carné.

La vida de Arletty se complica

El 20 de octubre de 1944, finalizada ya la II Guerra Mundial, Arletty fue arrestada por haber mantenido una relación sentimental con el oficial alemán Hans Jürgen Soehring, asesor del Consejo de Guerra de la Luftwaffe, a quien había conocido en el año 1941 durante la ocupación nazi de Francia. En un primer momento fue internada en el campo de concentración de Drancy y luego trasladada a la prisión de Fresnes, donde estuvo retenida 120 días. En el juicio hizo gala de su peculiar sentido del humor y se defendió diciendo cosas como «Qué quiere, señor juez, soy una mujer» o «Mi corazón es francés, pero mi culo es internacional». Sin embargo, estaba dispuesta a aceptar lo que fuera y a hacerlo con orgullo: «No conozco el odio, ni la envidia, ni el rencor. Pero tengo un orgullo desmesurado. El orgullo es como la vista: lo más importante de una persona. Hasta cuando me arrestaron me comporté con altivez: nada de cartas suplicantes, ni de peticiones de gracia. ¿Quieren fusilarme? Pues que me fusilen». Finalmente, el juez decidió dejarla en libertad, pero dictaminó que durante dos años no podía regresar a París, condenándola por tanto a un discreto ostracismo profesional. «Fui arrestada por colaboracionismo, así que lo normal es que me hubieran fusilado. Fue realmente un milagro que todo se redujera al fin a unos meses de arresto domiciliario. En cualquier caso, para mí fue una bonita historia, porque amaba a ese hombre, independientemente de que fuera un oficial alemán del estado mayor. Le amaba como jamás he amado a nadie, estaba loca de amor por él. De no haber sido así, no existiría justificación para mí. Fui yo quien se dirigió a su encuentro. En el amor siempre he escogido, jamás me dejé elegir».

Así pues, se trasladó a la localidad de La Houssaye-en-Brie, a 50 km de París, al castillo de unos amigos suyos. Y allí permaneció dos años alejada de la escena y los platós. De todos modos, nunca estuvo de acuerdo con las razones de su arresto: «Respecto a mi arresto, ¡bah! No me arrestaron por haber querido a un alemán; me arrestaron por haber rodado *Les Enfants du Paradis*. En el cine existe mucha envidia, y a muchos no les había gustada nada que yo hiciera esa película». De hecho no mostraba el más mínimo miramiento por la justicia francesa: «Sólo hay una cosa más injusta que la injusticia, y es la injusticia francesa».

El regreso de Arletty a los escenarios

Con el tiempo, Arletty volvió a trabajar en el cine, pero su actuación en *La Fleur de l'age,* una película de Carné y Prevert, pasó sin pena ni gloria, y su intervención en Madame et ses peaux-rouges no fue vista por nadie, porque el film ni siquiera llegó a estrenarse. En 1949 regresó al teatro parisino interpretando a Blanche Dubois en *Un tranvía llamado deseo,* de Tennessee Williams, bajo la dirección de Jean Cocteau. Consciente de su pasado, puso una condición antes de aceptar: «Para evitar asociaciones con mi pasado, pongo una condición. Se reemplazará la última frase de mi personaje, 'Siempre he dependido de la amabilidad de los extraños/extranjeros' por la de 'Siempre he dependido de la amabilidad de los desconocidos'».

La ceguera de Arletty

Y entonces, en 1952, tras un período moderadamente exitoso como actriz de teatro, Arletty sufrió un terrible accidente que le perjudicó la vista y la dejó prácticamente ciega. Abrumada, se trasladó a vivir a la localidad de Belle-lle en mer, en la costa de Bretaña. Para una persona como ella, a la que gustaba tanto leer y observar el mundo que le rodeaba, quedarse ciega significó un duro golpe y un gran contratiempo: «Ahora estoy ciega, así que ni siquiera puedo leer; tienen que leer por mí. Viene una profesora de música y me lee. Tiene una voz muy bella, pero no es lo mismo. Cuando uno lee por sí mismo, vuelve atrás, se detiene a pensar, y en cambio esa buena muchacha sigue adelante, adelante, como un tren que ignora las estaciones y tiene rotos los frenos. Me hace compañía, eso sí».

Cuatro años más tarde, en 1956, la convencieron para que formara parte del jurado del Festival de Cannes. Durante su estancia allí Henri Matisse aprovechó para hacerle un retrato. La actriz, a pesar de su ceguera, todavía conservaba parte de su glamour. En 1962 hizo un pequeño papel de anciana en *El día más largo* y en 1963 otro en *Le Voyage à Biarritz*, donde apareció junto a Fernandel. Las rodó sumida en la oscuridad y guiándose por la voz de sus compañeros.

En 1962 Marcel Carné empezó el rodaje de su película *Du mouron pour les petits oiseaux*. En ella aparecía una portera vivaz y chispeante, un papel que había hecho escribir especialmente para Arletty. A pesar del accidente sufrido por ésta, Carné se empeñó en que quería que fuera ella la que hiciese el papel. Para que pudiera sentirse cómoda y para facilitarle el trabajo, propuso hacer algunos arreglos técnicos, como por ejemplo que ella rodara sobre negro o que tuviera una doble para las secuencias con luz. A pesar de todo, en el último momento Arletty decidió no hacerla. Así explicaba ella misma los motivos: «Fue porque respetaba demasiado a Marcel Carné como para hacerle esa faena. Cuando una película no se realiza en condiciones óptimas tiene muchas más posibilidades de convertirse en un fracaso. Por eso no acepté lo que tan gentilmente, y con tanta ternura, me había propuesto. Rechazar la propuesta, no obstante, me hizo sentir muy desgraciada». Y no es de extrañar, porque lo cierto es que su ceguera significó el final de su carrera profesional y de su éxito.

En 1966 realizó su última aparición teatral en *Les Monstres sacrés*, de Jean Cocteau, que fue dirigida por André Brulé en el Théâtre des Ambassadeurs. Después ya no volvería a actuar.

Sin vista, pero con el don de la palabra

Por suerte, a pesar de haber perdido la vista no perdió su hermosa voz. Era estupenda, y conquistaba no sólo por su tono, sino también por las cosas que decía. Así, a pesar de que fue una mujer muy admirada por su belleza, siempre tuvo claro que lo importante estaba en el interior: «Siempre he preferido una cabeza interesante a un bello cuerpo. Incluso en las mujeres. Si una mujer es guapa, se le dice sólo una vez durante la velada. Pero si es cretina, no deja de repetirse en toda la noche». Por eso, según ella, se había llevado también con Annabella, la mujer de Tyronne Power, durante el rodaje de *Hotel du Nord:* «La mujer de Tyronne Power era realmente simpática. No nos conocíamos, pero nos entendimos muy bien. Era extremadamente inteligente, así que me gustó en seguida». También debió influir el hecho de no ser una mujer celosa: «Respecto a los celos, yo no soy celosa, ni siquiera siento celos de las personas que ven. No soy posesiva. Si tengo un perro, no digo 'mi perro', digo 'el perro'. Si hubiera tenido un hijo, no habría dicho 'mi niño', sino 'el niño'». Y seguramente gracias a su optimismo y a su capacidad para analizar la vida con ironía, tampoco comprendía el odio: «No comprendo el odio. No hay nada más desagradable que dos ojos que se han vuelto opacos a causa del odio. No comprendo a las mujeres que se hacen restaurar los ojos, estirar las arrugas en torno a los párpados, y luego llevan el odio en la mirada. ¡Retocaos, hermosas mías, pero los ojos, los ojos! Si dentro hay odio, es inútil restaurarlos. Y si no hay odio, también es inútil».

Tenía tanto que decir, y tan interesante, que es normal que durante su vida publicara dos libros de memorias. Primero fue *La Défense,* en 1971, y luego *Je suis comme je suis,* en 1989.

Arletty murió en París el 24 de julio de 1992. Era un jueves y tenía 94 años. Siguiendo sus últimas voluntades, fue incinerada y sus cenizas enterradas en el cementerio nuevo de su pueblo natal.

En 1995 el gobierno francés emitió una serie limitada de monedas para conmemorar el centenario del cine. Entre ellas había una moneda de 100 francos con la imagen de Arletty. Como ella solía decir, «En una escena puedes estar muy bien o terriblemente mal». Arletty, a pesar de su modestia, estuvo casi siempre fenomenal. Hasta que el destino la obligó a seguir por otros derroteros.

Frida Kahlo,

una pintora distinta y sublime

«Lo único que sé es que pinto porque lo necesito.»

Magdalena Carmen Frida Kahlo Calderón nació el 6 de julio del año 1907 en Coyoacán, que por aquella época era un suburbio de Ciudad de México. Su padre, Guillermo Kahlo, era fotógrafo y artista. Había nacido en Baden Baden, Alemania, y se había trasladado a México en 1891. Allí se casó en segundas nupcias con Matilde Calderón y González, la que sería su madre. Frida fue la tercera de sus cuatro hijas.

La vida de Frida quedó determinada desde muy temprana edad. A los seis años contrajo poliomielitis y tuvo que guardar cama durante 9 meses. Como consecuencia de la enfermedad no se le desarrolló bien la pierna derecha y el pie derecho se le atrofió. Su padre quería que se recuperara, así que le obligó a hacer todos los ejercicios que le marcaron los doctores para intentar corregir la atrofia, pero tanto el pie como la pierna de su hijita quedaron deformados para el resto de su vida.

Ella, sin embargo, intentó no darle demasiada importancia. De hecho, a pesar de su corta edad, demostró tener una gran personalidad y una enorme capacidad de lucha, y siguió adelante con su vida. Como diría más adelante: «Todo puede tener belleza, aun lo más horrible. Del año más maligno, nace el día más bonito». Estudió primaria en el Colegio Alemán y luego, en 1922, ingresó en la Escuela Nacional Preparatoria, el mejor instituto de enseñanza secundaria que había en México. Fue una de las afortunadas que integraron la primera generación que estudiaba en esta institución: «Por aquel entonces yo quería estudiar ciencias naturales y convertirme en médico». Su vida, no obstante, acabaría discurriendo por derroteros muy distintos.

Frida empieza a pintar como mera afición

Frida nunca había pensado en la posibilidad de ser una artista, ni siquiera para seguir los pasos de su progenitor. Empezó a pintar de jovencita simplemente porque le gustaba, como una simple afición, con las acuarelas de su padre. Pero en seguida se dio cuenta de que se le daba bastante bien: «Soy mujer, pero tengo talento». Por aquel entonces pintaba básicamente autorretratos y retratos de su familia y de algunos amigos: «Pinto autorretratos porque a menudo estoy sola, y porque soy la persona que mejor conozco». La propia Frida destruyó algunos de estos primeros trabajos porque no los consideraba dignos y el resto simplemente desaparecieron.

En 1925 Fernando Fernández, un respetado impresor amigo de su padre, la contrató como aprendiz y le encomendó la tarea de copiar grabados de Anders Zorn, un impresor sueco. Fernando quedó en seguida impresionado por su gran talento y le enseñó a dibujar y a perfeccionar su técnica. La joven Frida empezó a descubrir de este modo la que iba a ser la gran pasión de su vida: la pintura. «Poco a poco aprendí a expresar mi mundo interno, mis sentimientos, emociones y pensamientos a través de la pintura, como si fuera una fiel fotografía, influencia de mi padre».

Un accidente se interpone en su camino

En 1925 Frida sufrió un fatídico accidente que iba a influir de forma significativa en su vida profesional e íntima. Fue un 17 de noviembre. Regresaba a casa terminada la jornada escolar y el autobús en el que viajaba fue brutalmente embestido por un tranvía. Hubo varias víctimas mortales. Frida corrió mejor suerte, pero sufrió múltiples heridas. Los médicos llegaron a temer por su vida, pero finalmente, tras estar un mes ingresada en el hospital, pudo volver a casa para acabar de recuperarse. Tras tres meses guardando cama, pareció sanar. Pero al cabo de algún tiempo comenzó a padecer fuertes dolores en la columna vertebral y en el pie derecho. Además, siempre se sentía cansada y enferma. Un año más tarde tuvo que ser ingresada de nuevo: «Lo único que tengo de bueno es que ya voy empezando a acostumbrarme a sufrir. Lo que no me mata, me alimenta. Además, amurallar el propio sufrimiento es arriesgarte a que te devore desde el interior».

Los médicos descubrieron que a causa del accidente sufrido tenía varias vértebras desplazadas y una vez más le obligaron a guardar cama, en esta ocasión durante nueve meses. Tuvo que llevar corsés de escayola y soportar otros pesados tratamientos: «Hay algunos que nacen con estrella y otros que nacen estrellados, y aunque tú no lo quieras creer, yo soy de las estrelladísimas».

A pesar de todo el sufrimiento y de todos los reveses, Frida no se dejó vencer ni doblegar por las limitaciones físicas. Porque tenía un espíritu rebelde y fuerte. Y quizás también porque ya tenía claro que lo importante no era el físico, si no lo que uno lleva en el interior. Y en eso ella era una mujer aventajada: «Bien sabes tú que el atractivo en las mujeres se acaba voladamente, y después no les queda más que lo que tengan en su cabezota para poderse defender en esta cochina vida del carajo».

Frida se convierte en pintora

Durante este nuevo período de convalecencia, Frida empezó a pintar en serio. Sus padres hicieron construir un caballete especial que se apoyaba en la cama y sujetaba los lienzos que ella pintaba. Gracias a ello, la joven no cayó en una depresión: «No estoy enferma, estoy rota. Pero estoy feliz de estar viva mientras pueda pintar. La pintura completa mi vida». También hicieron instalar un espejo bajo el dosel de su cama para que Frida pudiera verse y convertirse en modelo para sus cuadros: «Me paso la vida enclaustrada en esta *pinche* mansión del olvido, dizque a recuperar mi salud y a pintar en mis ratos de ocio. ¿Quién diría que las manchas viven y ayudan a vivir? Tinta, sangre, olor... ¿Qué haría yo sin lo absurdo y lo fugaz?».

Justo en esa época surgió en México un movimiento artístico que buscaba dejar atrás los modelos europeos y crear un estilo nuevo independiente basado en el folklore y la cultura mejicana: «Mis temas son mis sensaciones, mis estados de ánimo y mis reacciones ante la vida, y también es mi México, por supuesto, un país donde todo es arte, del más humilde utensilio culinario al más opulento altar barroco». A principios de 1928, ya completamente recuperada, Frida se unió a este movimiento y retomó el contacto con antiguos compañeros de estudio, muchos de ellos políticamente activos y comprometidos, con los que ella compartía muchas de las ideas: «Mande al carajo a toda la sociedad estúpida, podrida de mentiras, del capitalismo y el imperialismo norteamericano. La revolución es ineludible».

Frida conoce a Diego Rivera

Fue Tina Modotti, una fotógrafa amante de Julio Antonio Mella, quien le presentó al que sería el hombre más importante de su vida. Como ella misma decía: «Diego Rivera fue el segundo gran accidente de mi vida». Frida le había visto por primera vez en 1922, mientras éste pintaba un mural en la Escuela Nacional Preparatoria, donde ella estudiaba. Él era ya un reconocido artista y Frida decidió ir a verle con tres de sus cuadros y pedirle su opinión. Admiraba a Diego, tanto al artista como al hombre, y por eso le pareció la persona más adecuada para valorar su obra. Y a Diego le encantaron los cuadros de Frida, y también su persona. Entre ellos se desató en seguida un apasionado romance: «Los átomos de mi cuerpo son los tuyos y vibran juntos para que podamos querernos. Siento que te quise siempre, desde que naciste, y antes, cuando te concibieron. Y a veces siento que me naciste a mí. Te necesito tanto que me duele el corazón.» La madre de Frida no aprobaba esa relación porque Diego era mucho mayor que su hija, estaba muy gordo y, lo que era peor de todo, era ateo y comunista. Su padre era más práctico y pensó que dado que Diego gozaba de una buena situación económica, podría costear los elevados gastos médicos de su hija. Además, se dio cuenta de que Frida se había enamorado en cuerpo y alma de ese hombre: «Diego en mis orines, Diego en mi boca, en mi corazón, en mi locura, en mi sueño. Aprenderé historias para contarte, inventaré nuevas palabras para decirte en todas que te quiero como a nadie».

Diego y Frida se casaron el 21 de agosto de 1929 con una sencilla ceremonia que se celebró en el Ayuntamiento de Coyoacán. Seguro que fue uno de los días más felices de su vida, tal y como ella había imaginado ya: «Si alguna vez nos casamos, va a ser, voy a ser *buten* de 'bien', casi como mandada a hacer para ti». Ella tenía 22 años y el 42. Pocos meses después, a principios de 1930, Frida se quedó embarazada. Pero como consecuencia del accidente sufrido en 1925, tenía la pelvis fracturada por tres sitios y tuvo que sufrir un aborto terapéutico. Los médicos le dijeron que probablemente no podría tener hijos, noticia que representó un duro golpe para ella.

Su lucha fallida por intentar ser madre

En noviembre de 1930, la pareja se mudó a los Estados Unidos. Mientras vivían en San Francisco, Frida conoció al doctor Leo Eloesser, un importante cirujano con el que iniciaría una amistad para el resto de su vida. Frida lo convirtió en su consejero médico y le consultaba todo aquello que tenía que ver con su salud. En 1932, cuando Frida volvió a quedarse en cinta, el doctor la animó a seguir adelante con el embarazo. En una carta, sin embargo, ésta le confesaba lo siguiente: «La verdad es que Diego no está interesado en tener hijos y yo estoy preocupada por las posibles complicaciones que puedan surgir durante el embarazo». Pero finalmente decidió correr el riesgo: «Estoy muy excitada con la idea de tener un hijo, por eso he decidido seguir adelante y desafiar los problemas que tendré que sobrellevar». No obstante, el 4 de julio sufrió un aborto espontáneo y perdió el bebé. La experiencia fue muy traumática y pasó los 13 días siguientes en el hospital. Además, convirtiendo en verdad la máxima que afirma que las desgracias nunca vienen solas, en septiembre de ese mismo año falleció su madre durante una intervención en la vesícula biliar.

Entre unas cosas y otras, Frida cada vez añoraba más su tierra: «Yo aquí en Gringolandia me paso la vida soñando con volver a México». Pero a Diego le fascinaba Estados Unidos y no quería marcharse. Ese desacuerdo provocó serios problemas en la pareja, que se agravaron a causa de las aventuras amorosas que Diego tenía con otras mujeres: «Tengo más cuernos que avispado». Ella, sin embargo, siempre acababa perdonándole: «¿Por qué seré tan mula y rejega de no entender que las cartas, los líos de enaguas, las profesoras de... inglés, las modelos gitanas, las ayudantes de 'buena voluntad', las discípulas interesadas en el 'arte de pintar' y las 'enviadas plenipotenciarias de lejanos lugares' significan únicamente vaciladas, y en el fondo tu y yo nos queremos harto?». Finalmente, fue Diego el que cedió y en diciembre de 1933 regresaron a México. El matrimonio se compró una casa en San Ángel, que por aquel entonces era un suburbio de Ciudad de México. Frida estaba ansiosa por retomar la pintura, ya que en su último año por tierras norteamericanas había pintado muy poco. Pero una vez más los problemas de salud se interpusieron en su camino. En 1934 Frida se quedó embarazada una vez más, pero las complicaciones le provocaron un nuevo aborto y una nueva hospitalización. Ese mismo año le operaron por primera vez el pie derecho y tuvieron que amputarle cuatro dedos de los pies, porque tenían gangrena. Por suerte, seguía teniendo la pintura: «Pintar completó mi vida. Perdí tres hijos y una serie de otras cosas que habrían completado mi pavorosa vida. Mi pintura tomó el lugar de todo esto. Creo que trabajar es lo mejor».

Frida se siente traicionada y toma las riendas de su vida

En esta época los problemas con Diego se agravaron. En 1935 Frida descubrió que su marido, que como ya hemos comentado le había sido infiel con otras mujeres, estaba manteniendo una relación sentimental con su hermana pequeña: «Aquí estoy para perdonarte, aquí estoy para amarte. Y tú, ¿dónde estás, Diego, dónde estás?». Se sintió tan dolida y traicionada, que se fue de casa, se instaló en un apartamento en el centro de la ciudad y buscó asesoramiento legal por si decidía divorciarse. A finales de 1935, Diego rompió con la hermana de Frida y ésta volvió a la casa de San Ángel: «Quizás esperes oír de mi lamentos de lo mucho que se sufre viviendo con un hombre como Diego. Pero yo no creo que las márgenes de un río sufran por dejarlo correr». Su marido, sin embargo, no dejó de serle infiel y Frida comenzó a tener sus propias aventuras amorosas, no sólo con hombres, sino también con mujeres. Decidió que no podía permitirse el lujo de perder un minuto más de su vida: «Cada 'tic-tac' es un segundo de la vida que pasa, huye, y no se repite. Y hay en ella tanta intensidad, tanto interés, que el problema es sólo saberla vivir. Que cada uno lo resuelva como pueda». Está claro que tenía una forma muy peculiar de entender la vida, pero a ella le funcionaba: «Yo quisiera poder hacer lo que me da la gana detrás de la cortina de la locura. Así arreglaría las flores, todo el día, pintaría el dolor, el amor y la ternura, me reiría a mis anchas de otros, pero sobre todo me reiría de mí, construiría mi mundo que mientras viviera sería mío y de todos».

A partir de 1936 Frida empezó a involucrarse en la política. Cuando estalló la Guerra Civil en España, fundó junto con otras mujeres un comité de solidaridad destinado a ayudar a los republicanos. En esa época, la relación con Diego pareció enderezarse. Cuando Trotsky fue expulsado de Rusia y Noruega, la pareja pidió al gobierno mejicano que concediera asilo político a este político ruso y a su esposa. La petición de asilo fue concedida y en enero de 1937 Leon Trotsky y su esposa llegaron a México. Frida les recibió con los brazos abiertos y les instaló en su casa familiar de Coyoacán, donde vivieron hasta abril de 1939. Pero además mantuvo un breve romance con Trotsky que se inició al poco de su llegada y terminó en julio de 1937.

Su obra empieza a ser reconocida

En 1937 Frida participó en una exposición colectiva en México y un año más tarde, en octubre de 1938, realizó su primera exposición en solitario, en la Galería que Julien Levy tenía en Nueva York. Frida pintaba básicamente por placer y jamás pensaba en la opinión del posible público potencial: «Yo pinto mi propia realidad, lo que me pasa por la cabeza sin ninguna otra consideración. Eso sí, siempre he pintado mis cuadros bien, no rápidamente sino pacientemente, y llevan un mensaje de dolor». Así que cuando descubrió que a la gente le gustaban sus cuadros y que estaban dispuestos a comprarlos, se quedó sinceramente sorprendida: «¡El verano de 1939, el actor Edward G. Robinson compró cuatro de mis cuadros por 200 dólares cada uno! Fue entonces cuando me di cuenta de que mis cuadros eran el pasaporte para independizarme económicamente de Diego. Y decidí que jamás tomaría ya dinero de ningún hombre hasta mi muerte». La exposición de Nueva York fue un gran éxito. Frida recibió muy buenas críticas y vendió la mitad de sus obras. Y poco a poco empezó a ser consciente de lo que eso significaba: «Yo quiero construir. Pero no soy sino una parte insignificante pero importante de un todo del que todavía no tengo conciencia».

Frida estaba entusiasmada con su fama recién adquirida. Empezó a flirtear con sus admiradores e inició una apasionada relación amorosa con el fotógrafo Nickolas Muray. A principios de 1939 viajó a París, pero ni la ciudad ni los amigos surrealistas de su amigo Breton consiguieron impresionarla: «Preferiría sentarme a vender tortillas en el suelo del mercado de Toluca, en lugar de asociarme con esta mierda de 'artistas' parisienses, que pasan las horas calentándose los valiosos traseros en los 'cafés', hablan sin cesar acerca de la 'cultura', el 'arte', la 'revolución'. Se creen los dioses del mundo. De todos modos yo suelo simpatizar más con los carpinteros, zapateros, etcétera, que con toda esa manada de estúpidos dizque civilizados, habladores, llamados 'gente culta'». Y todo esto a pesar de que uno de los cuadros que expuso en París, *Autorretrato – El Marco*, se convirtió en la primera obra de un artista mexicano del siglo XX que adquiría el Museo del Louvre. Algo por otro lado completamente lógico si tenemos en cuenta que Frida se había convertido ya en una gran artista con un estilo único y muy particular, y en un icono cultural e histórico, tanto como mujer en busca de un feminismo incipiente, como ideóloga en busca de nuevas corrientes o como artista que expresaba nuevas tendencias y conceptos.

Su vida personal se estabiliza un poco

Su relación con Diego Rivera se había deteriorado enormemente, hasta el punto que durante el verano de 1939 decidieron separarse y el 6 de noviembre de ese mismo año se divorciaron oficialmente. A pesar de haberlo decidido de mutuo acuerdo, la separación afecto emocionalmente a Frida, mucho más de lo que ella misma estaba dispuesta a aceptar. Y es que ella seguía amándole: «Aunque haya dicho 'te quiero' a muchos y haya tenido citas y besado a otros, en el fondo sólo te he amado a ti».

Para intentar ahogar las penas empezó a beber: «Intenté ahogar mis penas en la bebida, pero las muy pendejas aprendieron a nadar». Así que intentó beber menos y refugiarse en el trabajo. Pero lógicamente, su estado de ánimo se reflejaba en sus cuadros: «La tristeza se retrata en todita mi pintura, pero así es mi condición, ya no tengo compostura». Y entonces sus problemas de salud reaparecieron, algo que por supuesto no ayudó a mejorar su estado de ánimo. Contactó con su viejo amigo, el doctor Eloesser, quien le aconsejó que fuera a visitarle a San Francisco. En esa ciudad se encontraba también Diego Rivera y el doctor medió entre los dos para intentar que se reconciliaran. Y la cosa debió funcionar, porque en diciembre de 1939 Diego le pidió a Frida que volviera a casarse con él. Ella aceptó de inmediato, pero puso tres condiciones: «1) Yo me mantendré con la venta de mis cuadros y por tanto seré independiente económicamente. 2) Yo pagaré la mitad de los gastos de la casa. 3) No mantendremos relaciones sexuales». Diego la echaba tanto de menos que aceptó las tres condiciones. Al poco tiempo, y a pesar de que Diego debía permanecer en San Francisco por cuestiones de trabajo, Frida regresó a México: «En la ausencia quizás conozcas una princesa altiva o pesques a alguien en ruin barca. Estás perdonado *for ever*. Aquí se queda tu compañera, alegre y fuerte cual debe ser, espero pronto ya tu regreso para ayudarte, amarte siempre en son de paz». Se reunieron de nuevo en febrero de 1941. Tras casarse de nuevo con su amado, la vida de Frida se volvió menos complicada y más estable. Por fin empezó a disfrutar de los placeres sencillos de la vida y esa tranquilidad recién descubierta se reflejó en sus cuadros: «El re-casamiento funciona bien. Poca cantidad de pleitos, mayor entendimiento mutuo y, de mi parte, menos investigaciones de tipo molón respecto a las otras damas que de repente ocupan un lugar preponderante en su corazón».

En esta época siguió haciendo exposiciones y empezó a ser realmente reconocida en México. Su reputación alcanzó el punto culminante cuando participó con su obra *Las dos Fridas* en la Exposición Internacional del Surrealismo de 1940. Y eso a pesar de sus dudas con respecto a este movimiento artístico: «El surrealismo es la mágica sorpresa de encontrar un león dentro de un armario donde se está seguro de encontrar camisas. En realidad no sé si mis cuadros son surrealistas o no, pero sí sé que representan la expresión más franca de mí misma. Yo no pinto sueños, pinto mi realidad».

En 1941 Frida expresó abiertamente su simpatía por el Partido Comunista: «Estoy cada vez más convencida de que el único camino para llegar a ser un hombre, quiero decir un ser humano y no un animal, es ser comunista».

Frida inicia su labor docente

En 1942 Frida fue elegida miembro del Seminario de Cultura Mexicana, una organización que se encargaba de promover la cultura mexicana, y un año más tarde se convirtió en profesora de pintura de la Escuela de Pintura y Escultura de Ciudad de México. Así les hablaba a sus alumnos: «No debéis seguir los modelos europeos tradicionales. Tenéis que buscar vuestros modelos y vuestra inspiración en la vida cotidiana de la cultura mexicana y en el folklore del país». Al cabo de unos meses, no obstante, su mala salud le obligó a dar las clases desde casa. Tenía que guardar cama con un corsé de acero y aguantar fuertes dolores, pero esta luchadora nata se las apañó. A finales de los años cuarenta, su salud empeoró de nuevo y en 1950 sufrió un total de siete operaciones. «En esta fregada vida se sufre harto, hermano, y aunque se aprende, lo resiente uno, y por más que le hago para hacerme la fuerte, hay veces que quisiera aventar el arpa, ¡a lo machín!». Tras la sexta operación, fue capaz de volver a pintar gracias a un nuevo caballete especial montado en su cama. Se movía por la casa y los jardines en una silla de ruedas y podía caminar distancias cortas con la ayuda de muletas o de un bastón. Seguía con Diego, pero ya prácticamente solo tenía relaciones íntimas con mujeres.

En 1944 Frida empezó a escribir un diario personal que con el tiempo se convertiría en una herramienta fundamental para poder comprender a esta singular mujer y también toda su obra.

La salud puede con ella

A partir de 1951 el estilo de esta tenaz pintora empezó a cambiar. Su dependencia de los analgésicos empezó a afectar seriamente su coordinación y por eso sus cuadros dejaron de tener la precisión técnica y el detalle que los caracterizaba. El dolor de su pierna derecha llegó a ser intolerable y tuvieron que amputársela por debajo la rodilla. Le construyeron una ortopédica para que pudiera caminar, pero aún así se sumió en un estado de depresión profunda. Pero también en esta ocasión consiguió sobreponerse y transcurridos unos meses era capaz de andar distancias cortas y apareció en varias ocasiones en público. «Pies, ¿para que los quiero si tengo alas para volar?». Lo cierto es, sin embargo, que la amputación y la acumulación de sufrimiento empezaron a hacer mella en ella y a menudo tenía pensamientos de suicidio. Finalmente, la noche del 12 al 13 de julio del año 1954, Frida Kahlo falleció a causa de una embolia pulmonar. Su capilla ardiente se instaló en el Palacio de Bellas Artes. A pesar de la polémica que el hecho levantó, su ataúd se envolvió con una bandera roja estampada con la hoz y el martillo. Más de 600 personas acudieron a darle el último adiós. De acuerdo con sus deseos, fue incinerada. Sus cenizas descansan en un jarrón precolombino en su casa familiar. El 12 de julio de 1958, muerto también Diego Rivera, la casa en la que tantos años había vivido se convirtió en el Museo Frida Kahlo. Seguro que por los pasillos todavía se puede oír su inconfundible voz diciendo: «Ahí les dejo mi retrato, para que me tengan presente, todos los días y las noches, que de ustedes yo me ausente».

Madame Pompadour,

la amante real más célebre y carismática

«Las mujeres llaman arrepentimiento al recuerdo de sus faltas; pero, sobre todo, al sentimiento de no poder cometerlas de nuevo.»

Jeanne Antoinette Poisson llegó a este mundo el 29 de diciembre de 1721. Y lo hizo en París, en el seno de una familia burguesa. Pero en 1725 su padre, el prestamista François Poisson, se vio envuelto en un escándalo financiero y tuvo que salir por piernas de Francia y marcharse a Alemania. Su madre, Louise Madeleine De La Motte, una mujer de belleza singular, para poder sobrevivir y dar una buena educación a sus dos hijos, utilizó su físico para aferrarse a distintos amantes. Gracias a eso, la pequeña Jeanne Antoinette, a la que todos llamaban Reinette dentro del entorno familiar, pudo recibir una educación exquisita. Quizás por eso valorara tanto a su progenitora: «Ama a tu madre tanto como ella te ama a ti».

Fue precisamente su madre la que, cuando ella tenía nueve años, la llevó a una vidente gitana. La vidente miró a la niña, cogió sus manos y, sin titubear siquiera, le dijo: «Querida niña, no hay duda, reinarás en el corazón de un rey». Pocos vaticinios habrán resultado ser tan acertados.

Jeanne Antoinette se convierte en una hermosa mujer

Con el transcurrir de los años Reinette se convirtió en una joven de deslumbrante belleza. Tenía el rostro ovalado, una boca pequeña, unos ojos vivaces de mirada intensa y un hermoso pelo rubio. Y a eso había que añadir una fantástica figura. Pero el físico no era su única virtud. Conocía los autores de la época, dibujaba con mucha destreza y había estudiado canto con algunas de las estrellas de la ópera de París. Por eso no le fue nada difícil encontrar un buen partido. A los 20 años se casó con un hombre acaudalado que se había enamorado locamente de ella y era sobrino de uno de los amantes de su madre: «El matrimonio es el mejor remedio para los débiles», afirmaría refiriéndose a su marido, que se llamaba Guillaume le Normant d'Etiolles. La pareja se instaló en un castillo, en Etiolles, y a menudo frecuentaba los círculos más exclusivos de París. En 1941 tuvieron a su primer hijo, un niño que murió de forma prematura, y en 1944 a su hija Alexandrina, con la que Reinette se volcó en cuerpo y alma. Aunque mientras lo hacía, soñaba con volar más alto: «No todos los estómagos son capaces de digerir la libertad, pero yo sí. En cualquier caso, está claro que las mujeres son mucho más difíciles de gobernar que los hombres».

Reinette conoce al rey Luis XV

En 1743 murió el cardenal de Fleury, que gozaba de la confianza del rey y que dirigía personalmente todos los asuntos reales. Aprovechando dicha circunstancia, el círculo formado por los banqueros Paris, el cardenal de Tencin, su hermana la marquesa de Tencin y el mariscal Richelieu, urdieron una estrategia para acercarse a Luis XV. La joven Reinette era precisamente amiga de los Paris y se ofreció a seducir al rey y favorecer dicho acercamiento. Tenía claro que «los líderes necesitan sentir la dicha de ser amados». Y está claro que la estrategia funcionó.

A principios de 1745 el rey organizó un baile con motivo de la boda de su Delfín Luis Fernando y a él acudieron todas las bellezas de París que anhelaban convertirse en amantes del monarca, entre ellas nuestra hermosa protagonista. Teóricamente, había que ser noble para poder aspirar a ese honor. Reinette no cumplía esa condición, ya que pertenecía a la burguesía, pero no dudó en presentarse al gran evento. El soberano apareció disfrazado de árbol, al igual que otros siete jóvenes, para poder pasar inadvertido. Pero la perspicaz Jeanne Antoinette no se dejó engañar por tal argucia. Le identificó, se dejó ver y por fin, estando delante de él, se quitó la máscara. El rey quedó prendado de la joven y decidió convertirla en su *maitresse en titre*, o lo que es lo mismo, en su amante oficial: «El amor es la pasión humana por excelencia. Además, el corazón humano dispone de muchos recursos».

Antes que nada había que solucionar el contratiempo de que estuviera casada: «A las pocas semanas mi marido recibió una notificación de palacio ofreciéndole una fuerte suma de dinero e invitándole a irse de París. La misiva también le informaba de que su mujer, o sea yo, iba a quedarse a vivir en Versalles».

Fueron muchos los nobles que pusieron el grito en el cielo a causa de sus orígenes. Pero la última palabra la tenía el monarca, y éste optó por comprarle el marquesado de Pompadour y zanjar así el asunto.

Faltaba un último escollo: la aprobación de la reina. La flamante Duquesa de Pompadour se presentó en la sala donde se recibía a los nuevos nobles. La reina la observó un largo rato y luego conversó con ella sin prisas. Cuando se separaron, dijo a sus sirvientas: «Si mi marido ha de tener una amante, prefiero que sea ella». El 21 de setiembre de 1745 la joven se instaló en el palacio de Versalles, en una cámara situada justo encima de los aposentos del rey y unida a éstos por una escalera secreta. Así Luis XV podía visitarla siempre que quería lejos de miradas indiscretas. Tenía tan sólo 24 años y se había convertido en la mujer a la que el rey amaba y con la que se acostaba.

Su hija Alexandrine se fue a vivir con ella y fue educada como una princesa real. A los seis años ingresó en el convento de la Asunción, donde eran educadas las hijas de la alta nobleza: «Yo tenía pensado prometer a mi hija con alguno de los numerosos hijos bastardos de Luis XV, pero al ver que el rey se mostraba reticente me resigné a prometerla con el duque de Picquigny, hijo del duque de Chaulnes, Par de Francia y descendiente de una familia de la ilustre casa de Luynes».

Madame Pompadour tiene que superar algunos obstáculos

La nueva amante oficial demostró en seguida tener un gran ascendente sobre el soberano: «Los pequeños detalles pueden parecer poco importantes, pero suelen traducirse en grandes resultados. Y las lágrimas pueden hacer milagros». Era la primera vez en la historia de Francia que una dama de origen burgués ocupaba el puesto de favorita real. Y lo conseguía casi medio siglo antes de que estallara la Revolución Francesa y los estamentos desaparecieran. Por eso no es de extrañar que la corte en pleno le diera la espalda. Los hijos de Luis XV, por su parte, se negaban a dirigirle la palabra y los confesores reales intentaban hacer entrar en razón al monarca. Ella sufrió y acusó todas las críticas, pero sabía que: «Agradar es más difícil que engañar, porque las buenas cualidades atraen más odio que las malas. La gloria es una diosa cruel que vende muy caros sus favores», y no decayó en su empeño de agasajar al rey mientras seguía influyendo en sus decisiones. Quizás su actitud tuviera que ver con lo que tan bien describió un cronista de su época que tuvo el gusto de conocerla: «La creatividad corría por sus venas y tenía un fascinante don para conseguir todo aquello que se proponía gracias a una gran seguridad en sí misma y a esa altivez imperativa tan suya, enmarcada en una exquisita delicadeza y elegancia. Todo el mundo acababa rendido a sus pies». Seguro que ella estuvo de acuerdo: «Uno siempre debe tener en cuenta la autoestima y la dignidad».

Los intelectuales, en cambio, la adoran

Los intelectuales de la época estaban encantados con ella, ya que a través suyo podían acceder al rey para conseguir mecenazgos. Era una mujer enamorada de cualquier expresión artística que tuviera un gusto notable. De hecho fue una importante mecenas del arte y la cultura y contribuyó enormemente al esplendor artístico de la Francia del siglo XVIII. Impulsó la *Enciclopedia* de Diderot, obra fundamental que marcaría el inicio del Siglo de las Luces, las obras pictóricas de Boucher y la construcción de monumentos como la Plaza de la Concordia de París. Asimismo, hizo trasladar a Sévres la fábrica de porcelanas de Meissen y la convirtió en el referente de los artículos decorativos y de lujo de toda Europa. En ella se creó el color conocido en el mundo entero como Rosa Pompadour, en honor a ella. También fundó la Escuela Militar, una institución destinada a educar a jóvenes militares. Y todo eso a pesar de ser mujer: «La inteligencia no tiene sexo. Por eso las mujeres pueden estar en lo cierto y dar buenos consejos».

Poco a poco se adueña del Palacio

Hasta que llegó Madame Pomapadour, el rey Luis XV era un hombre más bien aburrido: «Su principal enfermedad es el tedio». Vivía rodeado de aduladores, algo que ella cambió en seguida: «Los aduladores son unas bestias que creen que todo el mundo es como ellos. Hay que desconfiar de los aduladores, sobre todo de aquellos que te alaban por cualidades que no tienes». A esta joven le gustaba hacer las cosas a su manera, incluso las más nimias: «Me gustaba escribir sobre papel de pequeño tamaño, enmarcado en oro. Jamás comenzaba con el saludo de cortesía habitual y escribía el día y el mes, pero no el año». Organizó espectaculares conciertos de música y fastuosas cenas con personas ilustres como por ejemplo Voltaire, su amigo y protegido, y con burgueses que hablaban al rey de ideas nuevas. Se hizo famosa por las fiestas espléndidas que organizaba en los bosques aledaños al palacio, en las que aparecían gnomos, hadas y duendes, para que el monarca se divirtiera. Además, como era una excelente bailarina y sabía cantar, ella misma animaba el ambiente y se convertía a menudo en el centro de atención. Creía que «son muy pocos los reyes que vale la pena tener como amigos». Pero parece claro que Luis XV era uno de esos privilegiados.

El rey estaba tan encantado con ella que le otorgó también el título de duquesa, un título con derecho al escabel, es decir, que le daba derecho a sentarse frente a la reina. Ella, no obstante, no lo utilizó nunca. Era inteligente y perspicaz, y prefirió conformarse con el rango de marquesa. Sabía que era mejor tener a la reina de aliada que de enemiga: «La ambición excesiva puede ser el mayor de los tormentos». Eso sí, dejando claro cuál era su sitio: «En una ocasión la reina, Maria Lescynska, me invitó a cantar en una fiesta. Acepté encantada y aproveché la ocasión para cantar el monólogo de Armida, un pasaje de la *Jerusalén liberada* de Torquato Tasso en el que la heroína seduce al guerrero Rinaldo». En esa pieza, Armida dice textualmente: «Él está bajo mi poder». Y eso lo cantó ella tan oreada en las propias narices de la reina. Asimismo, afirmó sin pudor alguno: «Siguiendo mi gusto estético, Luis XV hizo construir para mí el pequeño Trianón, un verdadero remanso de paz».

Durante sus años en Versalles encargó decenas de retratos a los mejores pintores, muchos de ellos protegidos o amigos suyos. Ella misma reconocía que era muy vanidosa: «Me gusta cambiarme de ropa varias veces al día». Pero a la vez tenía las cosas claras: «Ya sé que la vanidad, por mucho que se satisfaga, no da la felicidad». Le encantaba el chocolate y tenía verdadera pasión por la sopa de trufas y apios porque «calentaba los espíritus y las pasiones». E introdujo el consumo de champán en palacio porque «es un brebaje que aumenta mi belleza».

Pero pese a lo que pueda parecer, no era para nada una mujer frívola. Era una dama extrovertida, carismática, seductora, idealista, optimista y apasionada que hizo de la diplomacia su profesión: «Un buen diplomático es más útil que un buen general. Eso sí, debe ser capaz de mentir y de engañar. Y tener claro que en asuntos de estado es mejor ser un negociador afortunado que un negociador capaz». Llegó a ser tan hábil en este arte que, a pesar de la oposición de los nobles, consiguió colocar a su hermano como responsable de los edificios reales y le encomendó que modernizara la capital francesa y la convirtiera en la ciudad más bella del mundo. Y con sus tejemanejes logró que el conde de Maurepas, que no le caía nada bien, cayera en desgracia. Al poco tiempo de llegar, Madame Pompadour se convirtió en la intermediara entre el rey y sus ministros, a los que recibía en sus aposentos. Todos los informes pasaban por sus manos: «Para dedicarse a la política, basta con ser razonable y tener sentido común. El secreto en la política reside en saber soltar una mentira en el momento oportuno». En 1756, en la Guerra de los Siete años, Francia se alineó con Austria y Rusia y contra Prusia e Inglaterra bajo su influencia. Según parece, su antipatía hacia Federico el Grande de Prusia fue el factor determinante. Tras la derrota de

Rossbach, para intentar consolar al rey, exclamó: «Después de nosotros, que caiga el diluvio. No me importa lo que ocurra cuando me muera y ya no esté aquí». La aristocracia parisina, que tradicionalmente se había opuesto siempre a los austriacos, no le perdonó jamás ese movimiento político y lo utilizó más adelante como argumento para hacer campaña contra ella. También fue determinante en la paz con Austria y en la batalla de Fontenoy, en 1745.

Pompadour pasa de amante a amiga y consejera

A pesar de que Madame Pompadour entró en Versalles a través del lecho del monarca, tan sólo permaneció en él unos cinco años. A principios de 1750 el amor carnal se acabó y ella ya no volvió a acostarse con el rey. Parece ser que tuvo que ver el hecho de que ella enfermara. Eso, sin embargo, no le restó poder, sino que todavía fortaleció más si cabe su papel como amiga y consejera real: «Dejé de acostarme con él, pero siempre seguí siendo su favorita, su consejera, su amiga y su confidente. El amor es un placer que dura sólo algún tiempo; la amistad en cambio dura toda la vida. La amistad hace que todo sea noble». Siguiendo con su peculiar modo de hacer las cosas, así fue cómo le comunicó a su querido amante que habían cambiado las reglas del juego: «Encargué a Jean-Baptiste Pigalle una escultura en la que debía retratarme como encarnación alegórica de la amistad. Cuando estuvo terminada la hice colocar en el castillo de Bellevue, enfrente de una estatua del rey, sustituyendo otra obra alegórica que había allí y que representaba el amor». Así de sutil podía ser Madame de Pompadour.

El rey empezó entonces a acostarse con otras jóvenes hermosas. De hecho era ella misma quien las buscaba para mantenerlo contento y poderse desentender de los trajines propios de las artes amatorias.

El declive de Madame Pomapadour

La enfermedad, según unos la tuberculosis y según otros un cáncer de pulmón, seguía avanzando y minando poco a poco su belleza. Su vanidad, no obstante, seguía impoluta: «Pasaba muchas horas maquillándome porque no quería bajo ningún concepto que el rey me viera fea».

Pero en 1953 su querida hija murió a causa de una peritonitis. Eso fue un durísimo golpe para ella. Le embargó la tristeza y nunca volvió a ser la misma. Finalmente, el Domingo de Ramos de 1764, concretamente un 15 de abril en el que cayó una terrible tormenta sobre París, su vida se apagó definitivamente. Tenía tan solo 43 años. Tal y como ella había pedido antes de morir, no se celebró ceremonia alguna: «No quiero que se celebre ninguna ceremonia, sólo deseo que me entierren en un convento de los Agustinos y que le sean devueltos al rey tanto el palacio que hizo construir para mí como las joyas que me ha regalado a lo largo de mi vida».

Luis XV vio alejarse el ataúd desde una de las ventanas de Palacio y se limitó a exclamar: «En verdad digo que la Marquesa ha elegido un mal día para marcharse. No tendrá buen tiempo en su viaje». Así le agradecía todos sus desvelos.

De todos modos esta singular mujer que llevó a cabo una vasta obra en pro de la cultura y el progreso del país, seguramente lo habría entendido, porque como ella misma dijo: «Cuando ya no esté todo me dará igual. Y sé que mi muerte cambiará la suerte de otros». Está claro que si hoy la recordamos no es únicamente por su singular hermosura, sino sobre todo por la habilidad política con la que defendió todo tipo de causas, una habilidad que le permitió concentrar en sus delicadas manos prácticamente todo el poder de la gran potencia europea que en su época fue Francia.

Gala,

la musa misteriosa que llegó de Rusia

«Lo más esencial para mí es el amor. Es el eje de mi vitalidad y de mi cerebro, el resorte que me lanza hacia delante con elasticidad y agilidad, con más claridad y precisión en todos los movimientos de mis sentidos, de mis impulsos, de mis conocimientos.»

Elena Ivanovna Diakonova, la mujer que ha quedado inmortalizada con el nombre de Gala, nació en Rusia, concretamente en Kazán, capital de Tartaristán, a orillas del Volga. Probablemente el 7 de septiembre de 1894, aunque la fecha exacta nunca estuvo del todo clara. Elena fue la tercera de cuatro hermanos, dos chicos más mayores, Vadka y Nicolai, y una hermana más pequeña, Lidia. Cuando nació esta última, ella tenía siete años, y fingió que se creía las explicaciones edulcoradas que con motivo del acontecimiento le ofrecieron sus progenitores. Lista y perspicaz, en seguida fue consciente de sus capacidades innatas: «Tenía siete años la primera vez que oculté conscientemente lo que sabía». Años más tarde ella misma expresaría así lo que sintió al ver la nueva criatura: «Era un pedazo de carne roja, congestionada, abotargada, aullante. Verla me producía gran repugnancia». Su padre, Iván Diákonov, trabajaba como funcionario del Imperio Ruso, en el Ministerio de Agricultura, y debido a ello la familia vivió en distintas localidades de Siberia. Pero cuando Elena tenía once años, su progenitor murió. Afortunadamente para ella, su madre, Antonia, rehízo su vida con Dimitri Ílich Gomberg, un abogado que estaba muy bien situado. Gracias a ello, la familia empezó a pasar los veranos en la península de Crimea, junto al mar Negro, un destino turístico muy popular en la época. Fue allí precisamente allí donde Elena se enamoró por primera vez y fue de un joven telegrafista. Pero su madre se encargó de que no fuera más que un amor de verano, un agradable entretenimiento, pero fugaz y pasajero.

La nueva vida de Elena

Gracias a la situación acomodada de Dimitri, su padrastro, Elena pudo recibir una buena educación. Destacó en seguida por sus calificaciones brillantes y acabó sus estudios en el instituto femenino M.G. Brukhonenko con una media de notable alto. Más adelante, gracias a un decreto del zar, quedó facultada para impartir clases como maestra en las aulas de educación primaria y también a domicilio.

A Elena, en cambio, no se le daban nada bien los deportes ya que tenía una constitución más bien débil. Pero no se limitó a aceptarlo sin más, sino que intentó fortalecerse duchándose con agua helada, una forma de ponerse a prueba que muestra la voluntad férrea de esta chica.

Elena se entendió muy bien con su padrastro desde el principio. Su espíritu liberal, tan distinto de los valores ortodoxos de su familia materna, hicieron que ella sintiera verdadera predilección por él. De hecho, la mentalidad abierta y liberal que la caracterizaría durante su edad adulta empezó a forjarse probablemente gracias a él. Luego, a medida que crecía, su carácter fue adquiriendo tintes únicos: «Un buen día decidí cambiar mi nombre y empecé a presentarme como Gala», un apodo muy personal, ya que ese nombre no era nada común en Rusia.

Por otro lado, no debemos olvidar que procedía de la Rusia profunda y tradicional, donde uno podía encontrarse con tradiciones antiquísimas y un tanto sorprendentes: «Me gustaba asistir a la popular y tradicional feria de los pájaros en la Plaza Roja de Moscú. En aquella fiesta para los niños y los jóvenes, lo que más me llamaba la atención era el fenómeno violento, ruidoso, de los jóvenes excitados, con los ojos brillantes, con las mejillas encarnadas, con perlitas de sudor sobre los labios hinchados o sobre las arrugas de las narices a menudo gruesas, que sostenían en la mano una vara de 'verba' o una especie de látigo que allí mismo les vendían. Y, como peces en un banco apretado, estos muchachos se deslizaban entre la multitud y golpeaban a las chicas, a las muchachas con las que se cruzaban, gritando salvajemente 'verba, golpea hasta que lloren'. Más de una vez —en realidad, bastante a menudo— la mano entusiasta y excitada perdía el control y había que moderarla o castigarla mediante la intervención de la autoridad, tan respetada y temida, de la policía. Aunque nosotras fuésemos a la feria acompañadas por adultos, igualmente solíamos volver a casa llenas de rasguños, de pequeñas heridas». Y junto a estos recuerdos tan violentos, otros mucho más inocentes y agradables: «Me gustaba jugar con mis hermanos a que viajábamos rumbo a América en un trasatlántico construido con una mesa volcada».

Gala ingresa en un sanatorio

Gala era una chica enfermiza que venía arrastrando problemas de salud. En 1913, viendo que su estado era cada vez más delicado, su familia decidió enviarla a un lujoso sanatorio que se encontraba en la localidad suiza de Clavadel, en los Alpes. Allí le diagnosticaron que sufría neurosis y ciclotimia, trastornos que le provocaban abruptos cambios de humor y de personalidad. Estando en el sanatorio conoció y trabó amistad con Eugène Grindel, un joven aquejado de tuberculosis que más adelante sería conocido como Paul Éluard. Conectaron en seguida, ya que a ambos les apasionaba la lectura, y se enamoraron. En 1914 los dos recibieron el alta médica, pero antes de dejar Clavadel se prometieron en matrimonio. La situación que se estaba viviendo en Europa, sin embargo, les obligó a separarse: Gala regresó a Rusia y Éluard se marchó al frente. La separación sumió a Gala en una depresión profunda que le provocó ataques de fiebre durante meses: «El amor es el dolor de lo incomparable, es el dolor de la división, la desesperación del paso del tiempo, la conciencia amarga de la imposibilidad de fijar la instantaneidad suprema». Finalmente consiguieron volver a reunirse y en febrero de 1917, Gala abandonó el cristianismo ortodoxo para convertirse al catolicismo y contraer matrimonio con su amado poeta. Un año después nació su hija Cécile, la única hija que tendría Gala, a la que acabó dejando con su suegra para que la cuidara. No se sentía atraída por la maternidad, de hecho la rechazaba abiertamente. Con el tiempo llegaría incluso a negar su existencia: «¿Qué hija? Yo no tengo ninguna hija». La propia Cécile declararía con el tiempo: «No fue nunca una madre muy cariñosa. Era muy misteriosa, muy reservada. Nunca llegué a conocer a mi familia rusa».

Gala se introduce en los círculos surrealistas

Su marido Éluard, que ya se había cambiado el nombre, empezó a relacionarse con los vanguardistas del movimiento surrealista, sobre todo con André Breton, Philippe Soupault y Louis Aragon, creadores de la revista *Litterature*. Así fue como Gala entró en contacto directo con los movimientos vanguardistas que en esa época animaban París. A pesar de ser una habitual en las veladas organizadas por los surrealistas no solía intervenir mucho en ellas. Sin embargo, inventó un juego que acabó convirtiéndose en una conocida técnica entre estos artistas. Cada participante debía anotar una palabra sin ver las demás y luego había que componer con todas ellas un texto. El juego fue bautizado con el nombre de «cadáver exquisito», las dos primeras palabras que los participantes anotaron. A pesar de mantenerse un poco en un segundo plano, Gala acabó influyendo más en este movimiento que el resto del colectivo femenino, pero su influencia no fue tanto de tipo intelectual como por su atractivo.

La libertad sexual de Gala

Cuando conoció a Éluard, Gala no era más que una jovencita inquieta que sabía muy poco del amor y aún menos del sexo. Y se encontró con que a su príncipe azul le gustaban los *ménage à trois*, el voyeurismo, la bisexualidad, el exhibicionismo, los intercambios de pareja y las orgías. Así pues, de la mano de su marido, Gala fue descubriendo el sexo por la puerta grande y en toda su extensión. En 1921 conoció a Max Ernst, que era un gran amigo de su marido. Con él mantuvo una relación amorosa entre 1922 y 1924 sin por ello dejar a Éluard, de modo que su matrimonio se convirtió en una relación a tres bandas que llevaba al extremo el sentido surrealista de la libertad. Vivían los tres en la misma casa con la pequeña Cécile sin que ello les supusiera aparentemente ningún problema. Hasta que un buen día Éluard se marchó de casa y ella empezó a echarle de menos: «Desde que está lejos, y Dios mío, qué lejos está, desde que le añoro, cada instante que transcurre desde entonces, ya no he podido ver el cielo profundamente azul, el cielo estrellado de la noche, ¡cuántas noches nos abrigaron, cuántas estrellas nos iluminaron!». Max Ernst fue el primero de otros muchos artistas surrealistas con los que Gala mantuvo relaciones, siempre con el beneplácito de su marido.

Para sus amantes, el origen ruso de esta mujer enigmática constituía ya de por sí un aliciente y un signo de exotismo y misterio. Hasta el punto que en la época se decían cosas como: «Si alguien produce una buena obra literaria es que se ha enamorado de Gala» o «Todo aquel que ha sido abrazado por Gala al cabo de nueve meses alumbra una genialidad». Lo cierto es que ella misma se encargaba de alimentar su aura de mujer enigmática a la menor ocasión. Le encantaba crear dudas y hacer correr informaciones falsas sobre su pasado y sus orígenes: «Yo soy judía. Y soy así porque tanto mi padre como mi hermano me violaron. Mi hermano Vadka, por las noches, me hacía continuamente aquellas obsesivas, irresistibles visitas, llenas de aquella pasión oscura, torturada, desdichada». También mantuvo en secreto el día y el año de su nacimiento: «Sólo necesitáis saber que soy Virgo».

Gala y las artes adivinatorias

Gala provenía de la Rusia profunda donde la superstición formaba parte de la vida cotidiana. Se inició desde muy joven en el campo de lo paranormal, seguramente con la ayuda de algún sirviente chamán o brujo. Y guardó en secreto esa faceta suya que luego tanto utilizaría: «El secreto de mi secreto es que no lo desvelo». Al cabo de unos años, mientras vivía en París, Gala empezó a frecuentar ambientes mágicos y oscuros. Es probable que conociera a la rusa Maria de Naglowska, ocultista y sacerdotisa de Satán que organizaba toda clase de eventos en el mismo local donde se reunían los surrealistas. En seguida demostró tener aptitudes para penetrar en el mundo de lo suprasensible: «Soy una bruja, pero una bruja muy atractiva». Practicó la escritura automática, mostraba cualidades paranormales de médium y dominaba el arte adivinatorio del Tarot. Gala solía acertar con sus predicciones. Predijo el día que estallaría la Segunda Guerra Mundial y la fecha en que Francia se rendiría a las tropas de Hitler. Y fue también con este método que estableció que Éluard sería famoso: «Contra el peligro que corren los hombres más admirables, contra su angustia, su hambre, su ruina, la absorción de su tiempo, contra la mortal angustia de la juventud aniquilada, contra el bienestar de la vejez, contra la guerra, la peste, la miseria, la estupidez...lo único que tengo es la simple y penosa magia del trébol de cuatro hojas. ¡Qué desproporción! ¿Verdad?». Está claro que esta faceta contribuyó también a alimentar su fama de misteriosa y enigmática.

Gala conoce a Dalí

El mes de abril de 1929 Dalí viajó a París para presentar la película *El perro andaluz*, que había realizado con Luis Buñuel. Durante su estancia allí, Camille Goemans, un poeta y galerista belga, le presentó a Paul Éluard. En verano de ese mismo año, Dalí invitó a Goemans y su compañera, a René Magritte y su esposa, a Luis Buñuel y a Paul Éluard y su esposa Gala a Cadaqués a pasar unos días. Gala llegó cansada y malhumorada y pensó: «Este hombre es un coprofílico desequilibrado». Pero Dalí se enamoró inmediatamente de ella: «Estaba destinada a ser mi Gradiva, la que avanza, mi victoria, mi esposa. Su cuerpo tenía una complexión infantil, sus omóplatos y músculos lumbares tenían la tensión un tanto brusca de los adolescentes. El hundimiento en la espalda, en cambio, era extremadamente femenino, y hacía una graciosa armonía con el torso enérgico y rotundo y el trasero escultural, que su cintura de avispa hacía aún más apetitoso». Y ella, al darse cuenta de sus sentimientos y atraída por la genialidad del artista, le correspondió: «Dalí es como un árbol que me abraza con sus ramas». Cuando llegó el momento de partir, Gala dijo que se quedaba en Cadaqués. Eluard se marchó solo hacia París y ella ya no volvió a separarse del pintor, tal y como le había prometido: «Ya nunca más nos separaremos». Él tenía 25 años y ella 35.

A pesar de que los amigos y familiares del pintor mostraron más bien rechazo hacia Gala, lo cierto es que el espíritu libre, vitalista y hedonista de Gala avivó el talento que corría por las venas del artista y a la vez templó la extravagancia que amenazaba con autodestruirle. En agosto de 1934 se casaron por lo civil en París y se instalaron en un estudio cerca de Montsouris. Dalí había encontrado a su mitad complementaria: «Amo a Gala más que a mi padre, más que a mi madre, más que a Picasso y más incluso que al dinero».

Gala era capaz de intuir cuando una obra de arte o un artista triunfarían, y se dio cuenta desde el principio de que Dalí tenía un gran potencial para convertirse en un pintor célebre. Sólo necesitaba un poco de ayuda, una ayuda que ella estaba dispuesta a brindarle. Cuando el tarot y la astrología confirmaron lo que ya intuía, no lo dudó ni un instante y decidió dedicarse en cuerpo y alma a encarrilar su carrera para que discurriera por la senda del éxito. Se convirtió en su musa, su modelo, su amiga, su compañera, su amante y su marchante. No le costaba nada leer la mente de Dalí, intuirlo y comprenderlo. Dalí también era muy supersticioso, así que se dejó condicionar por los consejos que ella le daba en este sentido a cada instante. Así lo expresaba él mismo: «Gala es una médium de verdad. Gala nunca, nunca se equivoca. Lee las cartas con una seguridad asombrosa. Le predijo a mi padre el curso exacto de mi vida. Anunció la enfermedad y el suicidio de René Crevel».

Gala ayuda a despegar a Dalí

Desde el primer momento, Gala se mostró dispuesta a alabar y ensalzar a Dalí porque estaba convencida de que era un artista único que llegaría muy lejos: «Dalí es el mejor pintor vivo, el primerísimo, el más grande de todos». Fue tienda por tienda vendiendo los maniquíes y los objetos surrealistas que éste había diseñado, organizó el Grupo Zodíaco para que pudiera ejercer su oficio de creador, le ayudó mientras daba sus primeros pasos en París utilizando si hacía falta sus encantos sexuales, le animó y le convenció para que fueran a Nueva York, y le obligó a trabajar sin descanso mientras le leía en ruso para ayudarle a concentrarse: «A veces llamo a Gala 'campana de piel' porque lee para mí en voz alta durante las largas sesiones de mi pintura produciendo un murmullo como de campana de piel, gracias al cual aprendo todas las cosas que, sin ella, no llegaría a saber nunca».

Pero a la vez, o quizás porque el sexo era lo que menos importaba en esta singular historia de amor, Gala tuvo muchos amantes mientras estuvo con Dalí: «Me gusta vivir la vida con intensidad». De hecho podía pasar de un amante al siguiente sin ningún problema. En cuanto empezaban a hastiarle, los abandonaba: «Tienes que irte, he encontrado otro amante más guapo y más joven». Eso era todo. Pero todos esos amantes eran simples entretenimientos pasajeros que nada tenían que ver con el amor que sentía por su genio pintor: «¿Qué es el amor? En primer lugar es la pérdida del peso, luego la ascensión ligera, segura, de un vuelo directo; es el tormento que lo invade y cubre todo como una cúpula gigantesca; es detestar las separaciones; es un estrecho sobre cerrado, es una angustia infinita junto a una generosidad ilimitada; es la velocidad incalculable de un bólido y la inmovilidad de un muerto; la fijeza, la desesperación, la duda, la decadencia, la alegría extrema, sin lindes, la alegría que te hiere y te clava en tu sitio, alegría inmensa. Fe sin verificación, admiración vivificante». Porque aunque Gala podía lanzar frases lapidarias como: «Me importa poco si Dalí me ama o no. Personalmente yo no amo a nadie». Lo cierto es que fueron dos mitades muy egoístas que paradójicamente se complementaron a la perfección y se completaron en un todo casi mágico: «Cuesta saber dónde acaba Gala y dónde empieza Dalí».

En 1948 Gala regresó de Estados Unidos junto al pintor tras ocho años en el exilio. Dalí ya era un artista reconocido en España y la pareja se estableció en Portlligat. A partir de 1950 Dalí empezó a incluir a Gala en su rúbrica: «Firmando mis obras como Gala-Dalí no hago más que dar nombre a una verdad existencial, porque no existiría sin mi gemela Gala». El 8 de agosto de 1958, muerto ya el primer marido de Gala, ésta y Dalí se casaron por la iglesia en el Santuari dels Àngels, en Girona, tras obtener un permiso especial del papa Pío XII.

Gala empieza a distanciarse de Dalí

En 1968 Dalí le regaló a su amada un castillo situado en la pequeña localidad de Púbol, sobre la planicie del Empordà, en el valle del Ter, castillo que ella aceptó tras poner una condición: «Será mi castillo, mi baluarte, y tú no podrás acceder a él a menos que yo te dé permiso por escrito». Una condición que ya vaticinaba lo que se avecinaba. A partir de principios de la década de los setenta Gala se volvió cada vez más distante e intratable con su marido y con aquellos que les rodeaban. Entre 1971 y 1980 pasó largas temporadas en su castillo de Púbol, sobre todo en verano. Probablemente se sintiera sorprendida y atemorizada por su progresivo deterioro físico: «Tantos fantasmas para mí, un bichito que sólo buscaba un rinconcito en la tierra, el abrigo mínimo para alojar a dos cuerpos delgados, dos guijarros de cabezas atormentadas». Y eso a pesar de que «su piel se mantuvo tersa y suave, y sus piernas y su busto bien torneados, hasta mediados de los ochenta. A los ochenta y tantos años, y de espaldas, parecía una mujer joven, tenía un andar garboso y la espalda muy erguida. De hecho, seguía fascinando a los hombres». A pesar de haber cumplido ya los setenta, siguió teniendo aventuras amorosas con artistas mucho más jóvenes, en los que encontraba las fuerzas y la energía para seguir viviendo y luchando contra el paso inexorable del tiempo: «Estoy convencida de que cuando hago el amor con un hombre joven y fuerte, el esperma que me penetra y permanece en mí es la única vitamina que puede servir para rejuvenecerme. Lo leí en un libro de ciencia de un autor muy importante». Era su forma de aferrarse a la vida y negar la vejez.

En esta época llegó a mostrarse realmente implacable. Podía encerrar a Dalí en su estudio de Portlligat sin comida ni bebida y exigirle que terminara algún encargo. También su ludopatía se tornó más voraz. Aprovechando el hecho de que a Dalí le daba miedo viajar en avión, le llevó a Nueva York en un crucero durante el que gastó grandes cantidades de dinero jugando a la ruleta. Para poder mantener este ritmo de vida ordenó que el tiraje de las litografías hechas por Dalí pasara de los 2.000 ejemplares previstos a 7.000 o más, algo que hizo sin consultar con su marido. A Gala siempre le había gustado el dinero, porque sin él no podía vivir como le gustaba, pero en esa época su avidez se volvió incluso desagradable. Exigía siempre que le pagaran al contado, se apoderaba de los billetes con una codicia mal disimulada y luego se los guardada en el escote o bajo los muslos, de forma brusca y barriobajera. El sobrenombre de «caja registradora» que le habían dedicado hacía tiempo los surrealistas adquirió un nuevo significado.

A mediados de esa misma década, la pareja empezó asimismo a discutir en público. La primera discusión tuvo lugar en París, en pleno boulevard de Montparnasse. Según contaban los testigos, fue una discusión muy violenta en la Dalí cayó al suelo mientras Gala le golpeaba con su propio bastón y le lanzaba toda clase de insultos. En 1981, tuvieron otra desagradable confrontación en el Hotel Maurice de la rue Rivoli, aunque en esta ocasión fue Dalí el que golpeó a Gala. Un año más tarde, el 24 de febrero de 1982, se produjo una nueva pelea en la que ella le arañó y le golpeó el rostro y en la que él la agredió y la tiró al suelo. Esta vez, Gala tuvo que ser hospitalizada en Figueres con dos costillas rotas. Está claro que su relación se había vuelto insostenible y terriblemente dañina para ambos.

Gala, que siempre se había cuidado mucho el rostro con todo tipo de cremas y ungüentos, dejó de usarlos a causa de su ingreso en el hospital. Su piel se agrietó de inmediato, y le salieron pústulas y llagas que la afeaban mucho. Para alguien tan obsesionada con el físico y la juventud, que no había dudado en someterse a un gran número de operaciones de cirugía estética para estirarse la piel de la cara, eso representó un golpe durísimo difícil de digerir: «Si en una foto no me gusto, me recorto la cara». Día a día su salud tanto física como anímica se fue deteriorando.

A pesar de ser una mujer que se aferró a la vida con todas sus fuerzas, Gala jamás manifestó miedo a la muerte. Es cierto que prohibía hablar de ella, pero le gustaba familiarizarse con situaciones que tuvieran que ver de algún modo con la crueldad y el sufrimiento: «Me gustaría que me pusiesen en una jaula y me alimentasen a través de los barrotes. Me resultaría muy placentero». También le obsesionaban el suicidio y la destrucción: «Mátame», le dijo a Dalí al poco de conocerlo. Así que cuando por fin falleció el 10 de junio de 1982, seguramente saludó con un gesto altivo a la dama de la guadaña. Por fin había conseguido hacer realidad una de sus máximas favoritas: «Yo vivo para olvidar». Sus restos descansan solitarios en su querido castillo de Púbol.

Así pues, esta mujer de inteligencia desmedida, que sentía verdadera pasión por la cultura y los artistas, que influyó de forma decisiva en los dos hombres a los que amó y que la amaron hasta el paroxismo, tan admirable en muchos aspectos e increíblemente difícil de entender en otros, fue a lo largo de toda su vida una mujer libre que no se sintió nunca condicionada ni coartada ante nada ni nadie, pero que a la vez podía mostrarse muy vulnerable y atormentada. Y en esa suma de contradicciones tan extremas residía quizás el secreto de su atractivo. En realidad fue una mujer muy compleja, un rompecabezas formado por muchas Galas distintas: la mujer culta e intuitiva, la arisca y antipática a la que le gustaba llamar la atención, la independiente que dirigía las riendas de su vida, la vulnerable en busca de la eterna juventud, la vidente con poderes que se escondía tras el misterio, la transgresora que sabía muy bien lo que quería, y la mujer frágil que se refugiaba en el amor. Esa fue Gala, una mujer irrepetible.

Coco Chanel,

la huérfana que revolucionó el mundo de la moda

«Las mujeres necesitamos la belleza para que los hombres nos amen, y la estupidez para amar a los hombres.»

Gabrielle Chanel nació en Samur, un humilde pueblo de Francia, el 19 de agosto de 1883, un dato que ella le gustaba ocultar para que nadie supiera la edad que tenía. Como también ocultaba que sus orígenes eran muy humildes. Su padre era un vendedor ambulante, mujeriego, borracho e irresponsable. Pero a pesar de la mala vida que le daba, su madre sentía una pasión irrefrenable por él. Tuvieron cinco hijos, entre los cuales Gabrielle fue la segunda. Pero el 16 de febrero de 1895, con tan sólo 33 años, su madre falleció a causa del asma y la miseria, dejando a Gabrielle huérfana de madre a la temprana edad de doce años. Al verse viudo, su padre se sintió abrumado y decidió dejar a su hija en un hospicio de la localidad de Aubazine, donde las severas monjas se hicieron cargo de su educación. Gabrielle no volvió a ver jamás a su padre. No es de extrañar, pues, que no tuviera demasiada buena opinión de la familia: «La familia no me gusta. Se nace en ella, pero no con ella. No conozco nada más espantoso que la familia».

Gabrielle decide construirse una nueva vida

Gabrielle pasó seis años en el hospicio, donde la vida era austera y dura, pero allí aprendió a coser, a bordar a mano y a planchar de forma impecable, unas destrezas que más adelante le serían muy útiles. De todos modos, fue una etapa de su vida que ella siempre intentó ocultar y durante la cual se sintió muy desgraciada: «Durante mi infancia solo ansié ser amada. Todos los días pensaba en cómo quitarme la vida aunque, en el fondo, ya estaba muerta. Sobreviví únicamente gracias al orgullo».

Su vida le causaba tanto rechazo que para escapar de la cruda realidad empezó a refugiarse en un mundo de fantasía que ella misma inventaba. Y así, poco a poco, fue reinventando su biografía y convirtiéndola en una historia novelesca en la que tenía un padre tierno, atento y cosmopolita, unas tías ociosas que vivían de rentas, una fabulosa mansión en el campo, y un hermoso piano que, por supuesto, sabía tocar y con el que amenizaba las veladas de la familia: «Si has nacido sin alas, no hagas nada por impedir que te crezcan». Probablemente, este subterfugio aparentemente inocente, fue lo que la salvó de tanta miseria y le dio fuerzas para creer en ella y llegar donde llegó: «Cada cual tiene su leyenda, estúpida o maravillosa. La mía, en la cual han colaborado París y todo el resto de Francia, los imbéciles y los artistas, los poetas y las gentes de mundo, es tan variada, tan enrevesada, tan simple y complicada a la vez, que me pierdo en ella. No solamente me desfigura, sino que me pone otra cara». A los 17 años se dio cuenta de que en el orfanato jamás podría hacer realidad sus sueños, así que lo abandonó y se puso a trabajar en una mercería de la localidad de Moulins. Al poco tiempo consiguió trabajo en La Rotonde, donde acudía al salir de la mercería. Era un cabaret al que iban a divertirse los oficiales del ejército y en el que ella cantaba temas populares como «Quién ha visto a Coco en el Trocadero». Lo cierto es que no cantaba demasiado bien, pero tenía carisma y era atractiva, y con eso le bastaba para ganarse al público. Fue allí donde empezaron a llamarla la pequeña Coco, por la canción y porque era menuda. Y ella decidió adoptar el apodo «porque antepuesto a mi apellido, Chanel, sonaba muy bien».

Coco conoce a Étienne Balsan

En 1905, a los 22 años, Coco conoció a Étienne Balsan, un joven burgués adinerado y mujeriego del que se enamoró locamente. Por aquel entonces, Coco era una chica provinciana que tenía que trabajar todo el día para poder mantenerse. Étienne la llevó a su castillo de Royallieu, donde vivía con su amante oficial, y le mostró otro tipo de vida completamente distinta y mucho más parecida a sus sueños y fabulaciones. La existencia de Coco empezó a discurrir entre fiestas, salidas y todo tipo de lujos. Aprendió a montar a caballo, a moverse en sociedad y a comportarse como una dama. Étienne acabó rompiendo con su amante oficial y llevó a Coco a París. Ella quedó fascinada y pensó que era el lugar ideal para desarrollar todas las ideas que bullían en su interior. Decidió que podía montar una sombrerería, le habló a Étienne de su proyecto y le preguntó si estaría dispuesto a financiarlo. Étienne menospreció sus ideas y le dio largas, pero finalmente le prestó la planta baja de su piso de soltero de París.

Coco cambia a Étienne por Boy Capel

Por aquel entonces, Coco conoció a Boy Capel, uno de los mejores amigos de Étienne. El flechazo entre ambos fue instantáneo. Descubrió además que Boy sí creía en sus ideas y proyectos, así que decidió abandonar a Étienne y se fugó con Boy a París: «Mi querido Étienne. Jamás podré devolverte la gentileza y la comodidad que me has brindado».

En 1910, y con el apoyo de su nuevo amante, compró varias docenas de sombreros en las Galerías Lafayette, los reformó y luego los puso a la venta. El éxito fue absoluto y tuvo claro que quería dedicarse a crear su propia línea de ropa. Gracias a Boy empezó a frecuentar círculos más distinguidos y sus sombreros empezaron a ser solicitados por la nobleza, las damas de la alta sociedad y las artistas. Ese mismo año abrió su primer taller de costura, es decir, su primera Mansion Chanel, en el número 21 de la rue Cambon. Tenía muchas ganas de trabajar y las cosas claras: «No existen las mujeres feas, solo mujeres que no saben arreglarse. Viste vulgar y sólo verán el vestido. Viste elegante y verán a la mujer». Ya entonces hubo quien la acusó de ser una caza hombres, pero ella lo veía de otro modo: «Encontrar un hombre que te ame no te transforma en una cazadora de hombres, porque si lo cazaste, deja de ser un hombre para transformarse en un zorro, y el día de mañana abrirá un agujero y se escapará». Sus modelos y creaciones fueron muy bien aceptados desde el principio y eso a pesar de que no sabía dibujar ni hacer bocetos, ya que no había podido estudiar. Pero daba igual, creaba sus diseños sobre las propias modelos y a base de cortar y poner alfileres. Partió de cero, inspirándose en ella misma, en su cuerpo delgado y con poco pecho, y en sus experiencias: «Intenté tapar con bolsillos el pecho que no tenía». Pero lo más importante es que supo darse cuenta de que la visión de la mujer estaba cambiando, que quería emanciparse y ser independiente y que para ello necesitaba otro tipo de ropa que la hiciera sentirse elegante pero a la vez cómoda y a gusto. Los nuevos tiempos exigían un estilo más deportivo y funcional: «¡Ah, no! Decididamente la moda encorsetada no me iba. Trabajaba para una sociedad nueva. Hasta el momento habíamos vestido a mujeres inútiles, ociosas, mujeres a quienes sus doncellas tenían que poner las medias. A partir de ahora mis clientas eran mujeres activas que necesitaban sentirse cómodas dentro de su vestido y poder arremangarse las mangas si hacía falta. Mientras me dirigía a las carreras con un canotier y un traje sastre sabía muy bien que estaba asistiendo a la defunción del siglo XIX».

Sus ideas frescas y novedosas fueron un éxito, de modo que al poco tiempo, concretamente en 1913, pudo abrir una segunda tienda en la localidad veraniega de Deauville, donde se había instalado la gente más adinerada de París huyendo de la guerra: «Muchas damas elegantes habían llegado a Deauville a causa de la guerra. Había que vestirlas. El tejido escaseaba. Corté unos jerséis como los que yo misma llevaba. Al final de ese primer verano de guerra, había ganado 12.000 francos oro».

Invirtió parte de sus ganancias en abrir una tercera tienda en Biarritz. Para entonces tenía trabajando para ella a más de 300 empleados.

Coco seguía muy enamorada de Boy: «Mi mayor anhelo es que Boy se case conmigo». Por eso cuando descubrió que estaba embarazada, se sintió la mujer más feliz del mundo: «¡Estoy esperando un hijo tuyo! ¡No puedo ser más feliz». Desgraciadamente, sufrió un aborto. Gracias a la rápida intervención de los médicos consiguió sobrevivir, pero probablemente quedó estéril para siempre.

Boy se casa con otra

Coco se encontraba pues en un momento de gran auge creativo. En 1916 introdujo el punto en sus colecciones, un tejido que nadie antes había utilizado en la alta costura, y con él confeccionó el jersey, una prenda casi masculina. También acortó las faldas dejando a la vista los tobillos y lanzó al mercado piezas tan innovadoras como el impermeable. Su negocio prosperó tanto que tuvo que trasladarse al número 31 de la rue Cambon. Pero cuanto mejor iba su vida profesional, peor le iba en su vida íntima. Tras ocho años de relación, Boy pasaba cada vez más tiempo lejos de ella. Empezaron a correr rumores sobre su infidelidad y en 1919 le comunicó que se iba a casar con una aristócrata: «Estoy comprometido con lady Diana Wyndham, la joven hija de lord Ribblesdale. Este otoño nos vamos a casar en Escocia». Coco, al verse abandonada, se mudó a la villa La Milanaise, a las afueras de París, y en un acto de rebeldía, se cortó «a lo garçon», o sea «a lo chico», su hermosa y larga cabellera azabache, que tanto gustaba a Boy. Inmediatamente una legión de mujeres la imitaron: «Yo no creo en la copia, sino en la imitación. Y me parece bien ser imitada. Eso significa que has triunfado. La moda pasa, el estilo permanece».

Con el tiempo, retomaron su relación. Boy se aburría enormemente junto a su aristócrata esposa y fue en su busca. Ella lo aceptó sin más: «Lo único que me importa es que estás aquí. ¡Te amo muchísimo!». Pero entonces, mientras conducía en dirección a Cannes con su automóvil, Boy sufrió un terrible accidente y falleció. Al enterarse, Coco se dirigió al lugar donde había ocurrido y permaneció allí llorando durante varias horas: «¡Al perder a Boy lo perdí todo! Con él podía ser yo misma, él no quería que cambiara. Para mí fue un padre, un hermano, toda mi familia. Dejó un vacío dentro de mí que los años no consiguieron llenar. Lo único bueno fue que desde entonces tuve la impresión de que él seguía protegiéndome desde más allá de su tumba».

Al llegar a casa mandó que decoraran toda su habitación de negro, incluidos muebles, paredes, alfombras y sábanas. Pero cuando llevaba apenas unos minutos acostada, hizo sonar la campanilla y dijo a sus criados: «¡Por Dios, sáquenme de esta tumba!». A la mañana siguiente nada más levantarse las órdenes fueron las siguientes: «Quiero mi cuarto rosado, pero todo completamente rosado, por favor». A los pocos días se llevó una agradable sorpresa, que su amado la había incluido en su testamento y le legaba 40.000 libras. Y se dijo: «O muero también o termino lo que empezamos juntos». Y se concentró de nuevo en el trabajo.

Coco conoce a otros hombres

Tras la muerte de Boy, Coco quedó destrozada y se refugió en su querida amiga Misia Sert, una de las pocas mujeres, sino la única, que toleró como amiga: «No me gusta el trato con mujeres. Excepto Misia, ninguna me divierte. Son frívolas. Yo soy superficial, pero frívola nunca. Cuanto mayor me hago, más superficial soy. Una mujer perfecta fastidia tanto a las mujeres como a los hombres». Gracias a ella empezó a salir de nuevo y poco a poco volvió a ser la que era. Misia le presentó a numerosos artistas, entre ellos a Igor Stravinsky, el famoso compositor ruso: «Misia y sus amigos me salvaron de la desesperación. Quizás habría sido mejor que me hubieran abandonado, no hacía más que llorar y llorar». Al enterarse de que Stravinsky y su familia tenían serios problemas económicos, les ofreció su nueva casa, la villa Bel Respiro, en Garches. También costeó la producción del ballet *Pulcinella*, que éste había compuesto, pero puso una condición: «No quiero que nadie sepa que yo lo he costeado, no debe contárselo nunca a nadie». Los decorados de la obra los realizó Pablo Picasso. En un principio, el pintor produjo en ella un efecto inquietante: «Un español con sombrero para mí era un payaso, pero su mirada me petrificaba». Sin embargo, acabaron siendo buenos amigos: «En el ambiente en que me movía sólo me atraía Picasso, pero no estaba libre». En esa época Cocó acabó teniendo una aventura con Stravinsky, que seguía residiendo en su villa con su familia.

Pero entonces llegó a Garches el gran duque Dimitri, el apuesto noble ruso nieto del emperador Alejandro II y primo del zar

Nicolás II: «Los rusos me fascinaban, me revelaron Oriente». Dimitri era 11 años más joven que Coco, pero se sintieron mutuamente atraídos e iniciaron una relación. Stravinsky, ofendido y celoso, decidió marcharse de la villa con su familia, y Dimitri aprovechó y se instaló en ella. Al poco tiempo obsequió a su amada con una valiosa joya familiar, las perlas de los Romanov que había logrado salvar. Coco hizo copiar la pieza, mezcló las perlas falsas con las auténticas y lanzó la moda de los collares largos de varias vueltas: «Lo que importa no es el quilate, sino la ilusión». La pasión por Dimitri, sin embargo, no tardó en desaparecer: «Pronto descubrí que aquellos grandes duques rusos eran todos lo mismo. Tenían un aspecto deslumbrante, pero detrás de la apariencia no había nada. Ojos verdes, manos y hombros bien formados, pero mansos y timoratos. Bebían para sacudirse el miedo de encima. Detrás no había nada, solo vodka y vacío».

Coco conoce a Westminster

En las navidades de 1923 Coco conoció a Hugh Richard Arthur Grosvenor, duque de Westminster, el hombre más rico de Inglaterra. Al poco tiempo dejó definitivamente a Dimitri, empezó a pasar temporadas en su castillo de Eaton Hall y abrió una Maison Chanel en Londres. Se había enamorado como una colegiala del duque, y deseaba casarse con él y darle el hijo que éste tanto ansiaba: «Mi verdadera vida comenzó con el duque de Westminster. Por fin había encontrado un hombro sobre el cual descansar mi cabeza, un árbol en el cual podía apoyarme». Así que, a pesar de tener ya 46 años, se entregó al cuidado de médicos y parteras, hizo promesas a santos, lo intentó todo para que se produjera el milagro. Pero Coco tenía un problema de fertilidad y no se quedó embarazada. Así que tras varios años de relación, el duque decidió romper con ella. Pero no contento con ello, le presentó a

Coco la que sería su futura esposa para pedirle su opinión. Ella miró a la mujer que había acabado con sus sueños de boda y se limitó a decir: «Ha habido muchas duquesas de Westminster, pero Coco Chanel hay solo una». Sin embargo, no le guardó rencor, jamás guardó rencor a ninguno de los hombres a los que amó: «Pasé diez años de mi vida con Westminster. Hay que se hábil para retenerme diez años. Durante ese tiempo mantuvimos una relación muy tierna y cariñosa. Le he querido, o pensaba que le quería, lo cual viene a ser lo mismo».

Coco no deja de innovar

Ese mismo año, el 1923, Coco decidió celebrar su 40 aniversario sacando al mercado un perfume, otra de sus originales y brillantes ideas: «Una mujer sin perfume es una mujer sin futuro. El perfume anuncia la llegada de una mujer y alarga su marcha. Hay que ponerse perfume dondequiera que una quiera ser besada». Fue en busca de Ernest Beaux y juntos crearon el mítico perfume Chanel nº 5, una mezcla única de 80 aldehídos y sustancias florales que acabaron para siempre con los polvos perfumados de violeta que se utilizaban hasta entonces. Como todo lo que salía de sus manos, la fragancia fue todo un éxito y tuvo una aceptación apoteósica. La propia Marilyn Monroe la inmortalizó cuando afirmó: «Yo para dormir solo uso unas gotas de Chanel nº 5». Queda claro que a Coco le gustaba innovar y no le daba miedo experimentar: «Para ser irremplazable, uno debe buscar siempre ser diferente». Quizás por eso se le ocurrió utilizar la piel de conejo en algunos de sus modelos: «Utilizo el conejo para hacer la fortuna de los pobres, de los pequeños comerciantes, aunque los grandes no me lo perdonen jamás».

En 1925 creó el traje con falda y chaqueta a juego, de manga larga, sin cuello y ribeteado, sin duda uno de los modelos estrella de la firma. Al año siguiente, mientras se encontraba en la ópera viendo una representación, se fijó en que casi todas las mujeres iban vestidas en tonos rosas y azules: «No es posible. Esos colores son demasiado desastrosos, afean a las mujeres. Voy a joder a todas esas mujeres con el negro». Y así nació la *petite robe noire*, el famoso vestido negro que pasó a formar parte del vestuario de todas las mujeres: «Antes de mí nadie habría osado vestirse de ese color. Durante años no hice más que vestidos negros. Los vendía como churros. Hice una fortuna». Y es que esta mujer tenía muy claro que «la moda no existe sólo en los vestidos. La moda está en el cielo, en la calle, la moda tiene que ver con las ideas, la forma en que vivimos, lo que está sucediendo. Yo no hago moda, yo soy Moda».

También lanzó los trajes de *tweed* escocés combinados con bisutería llamativa, el zapato de punta redonda y el célebre bolso con cadenitas doradas para llevar en bandolera. Y puso de moda la tez morena entre las damas, algo hasta entonces impensable: «Recorto, aligero y suprimo todo lo que molesta al cuerpo y lo que frena el gesto. Creo que las mujeres siempre van demasiado vestidas, pero nunca están lo suficientemente elegantes. La simplicidad es la clave de la verdadera elegancia».

La crisis pone fin a los felices años veinte

El crack de Wall Street de 1929 acabó con los felices años veinte y también con muchos negocios de la época. Coco tuvo que reducir la plantilla de trabajadores de 4.000 a 2.000, y tuvo que bajar el precio de sus creaciones, pero aún así fue capaz de salvar el negocio en esos tiempos tan difíciles. Y entonces tuvo otro golpe de suerte. En 1931, la MGM, a través del productor Samuel Goldwyn, la contrató para que diseñara los trajes de las estrellas para sus musicales a cambio de un millón de dólares. Era mucho dinero, así que habló con su amiga Misia y juntas cruzaron el charco. A lo largo de ese año conoció a mujeres como Greta Garbo, Gloria Swanson, Marlene Dietrich y Katherine Hepburn. Entre todas ellas, la que más le gustó fue Hepburn: «Me atrajo por su rebeldía y su fuerte personalidad». Sin embargo, nunca se adaptó a la vida americana. No le gustaba el ambiente y mucho menos Samuel Goldwyn: «Era un hombre vulgar y sin encanto que me recordaba a los buhoneros de los mercados de mi infancia». Transcurrido un año, dio por zanjada su aventura americana y regresó a París.

Coco conoce a Paul Iribe

En 1993 Coco decidió reservar de forma permanente una suite del hotel Ritz en París: «El Ritz es como mi hogar. Es el primer hotel donde he vivido. Cuando daba una fiesta en mi apartamento de la rue du Faubourg, después me iba al Ritz a pasar tres días. Los criados estaban de mal humor. Ellos no habían sido los que habían dado la fiesta y estaban cansados. La casa estaba sucia. Había que ponerlo todo en orden. De modo que prefería irme».

Fue también en 1933 cuando, a punto de cumplir 50 años, conoció a Paul Iribe, sin duda fue uno de los grandes amores de su vida. Se conocieron cuando él empezó a diseñar joyas para la casa Chanel. Ambos tenían la misma edad y, a pesar de que él estaba casado, no tardaron en convertirse en amantes: «Mis relaciones con él fueron pasionales. Cómo detesto la pasión. Qué espantosa enfermedad. El apasionado es un atleta, no conoce el hambre ni el frío, vive de milagro». En 1934 Iribe se divorció de su mujer y la pareja anunció su compromiso. Pero su alegría iba a durar poco. El 21 de setiembre de ese mismo año Coco le propuso jugar un partido de tenis. Terminado el encuentro, mientras andaba hacia ella atravesando la cancha, de repente se llevó las manos al corazón fulminado por un dolor terrible. Falleció allí mismo, ante la mirada atónita de Coco, que solo alcanzó a decir: «No es justo». Al verse de nuevo sola, empezó a sufrir de insomnio: «Es como una enfermedad. No me decido a despegar el culo del asiento. Me horroriza ir a acostarme».

La guerra estalla de nuevo

Al estallar la II Guerra Mundial Coco dejó abierta únicamente la boutique y cerró el resto de sus establecimientos: «Tenía la sensación de que terminaba una época y de que jamás volverían a hacerse vestidos». Tras estar ausente un breve período, regresó a París y conoció a un diplomático alemán, Hans von Dincklage. Ella había cumplido ya los 58 y él era 13 años más joven, pero eso no fue un impedimento para que iniciaran una relación amorosa. Los amigos de Coco le advirtieron de que esa relación podía acarrearle problemas, pero ella les respondía divertida: «¡Bah, pero si no es alemán, su madre es inglesa!». Y entonces ocurrió algo que iba a dar la razón a sus allegados. Coco viajó con él a España, donde le habían enviado para llevar una oferta de paz a Churchill. Ese hecho dio pie a que en agosto de 1944 la acusaran de colaborar con los nazis. Fue detenida y sometida a un interrogatorio que duró diez horas. La dejaron en libertad, Coco se exilió a Suiza y vivió varios años alejada del mundo de la moda: «No me quejo de nada porque he vivido intensamente».

El regreso de Coco Chanel

El hueco que dejó en el mundo de la moda lo llenaron al poco tiempo con sus nuevas tendencias firmas como Christian Dior y Cristóbal Balenciaga. Pero Coco no había dicho todavía su última palabra: «No soportaba ver que la moda volvía a estar en manos de los hombres, ni que los corsés volvieran a estar de moda». Así que en 1954, con 71 años y a pesar de ser millonaria, reabrió su casa de modas: «He vuelto porque me aburría mucho, y prefiero el desastre al vacío o la nada». La prensa parisina se burló de su edad y pronosticó que su regreso sería un desastre, pero América se rindió a sus pies una vez más y Coco Chanel volvió a encumbrarse hasta lo más alto. En 1958 hizo otra de sus muchas aportaciones al mundo de la moda femenina: el zapato de tacón bajo, que desplazó al omnipresente zapato de tacón de aguja. Junto con Raymond Massaró creó un modelo realizado en dos tonos: «El cuerpo y la parte del talón eran de color beige para alargar ópticamente la pierna, mientras que la puntera era de color negro, con lo que se conseguía que el pie pareciera más pequeño».

En su vida privada, no obstante, Coco se había convertido en una mujer solitaria que iba del hotel al trabajo y del trabajo al hotel: «Seguramente no es cosa del azar que esté sola. Nací bajo el signo de Leo, los astrólogos saben lo que eso significa. Tiene que ser muy duro para un hombre vivir conmigo, a menos que sea muy fuerte. Y si fuera más fuerte que yo, entonces sería yo la que no podría vivir con él». Se había convertido en una mujer mayor y solitaria: «Tengo unas cejas arqueadas de aspecto amenazante, unas narices abiertas como las de una yegua, un pelo más negro que el carbón, una boca que es como una grieta por donde se desahoga un alma colérica y generosa; coronándolo todo, un enorme lazo de colegiala sobre un rostro atormentado de mujer. Una piel negra de gitana sobre la que resalta el blanco de los dientes y las perlas, un cuerpo tan seco como una parra sin uvas; unas manos estropeadas como las de un boxeador». Coco era una mujer que en el ocaso de la vida no quería renunciar al amor, no quería estar sola: «La soledad me aterra y sin embargo vivo en una soledad total. Pagaría por no estar sola. Sería capaz de hacer subir al policía de la esquina para no cenar sola. Hace más de diez años que no me besan en la boca».

En 1969 sufrió una apoplejía, pero en cuanto se recuperó siguió trabajando: «Sólo tengo ya una curiosidad, la muerte», afirmaba sin vacilar. Y también pidió a su mayordomo y a su secretaria: «Si muero, llevadme a Suiza. Colocadme entre ambos en la parte de atrás del coche. Si os preguntan en la frontera, responded que Mademoiselle Chanel está muy chocha y que no hagan caso de mí». No obstante, a pesar de que la artritis y el reumatismo la consumían día a día, ella siguió adelante. La muerte la sorprendió trabajando en su nueva colección, el 10 de enero de 1971. De repente se sintió mal, así que se tumbó en su cama del hotel Ritz y avisó a la camarera. Sólo tuvo tiempo de decirle: «Ves, así es como se muere uno». Y simplemente se marchó. Está claro que siempre tenía que ser ella la que dijera la última palabra.

Ella misma había diseñado su tumba: «Sin piedras encima. Quiero poder salir, si me apetece, para ir al cielo y vestir a los ángeles. Sé que seré una mala muerta. Cuando esté bajo tierra me agitaré, y sólo pensaré en regresar para volver a empezar». Esa fue Coco Chanel, una luchadora nata que supo vivir su vida a su manera de principio a fin.

Amelia Earhart,

la aventurera que vivió surcando los cielos

«La niebla viene silenciosa cual gato. Se sienta, observa el puerto y la ciudad sobre ancas silenciosas y luego avanza. Escucha. Los motores zumban dulcemente. Y yo me siento en casa.»

Amelia Earhart nació en Atchison, un pequeño pueblo de Kansas, el 24 de julio de 1897. Solo tuvo una hermana, Muriel, que era más pequeña que ella. A pesar de tener padre y madre, Amelia pasó buena parte de su infancia con sus abuelos maternos. Gracias a ellos pudo llevar una vida acomodada, el tipo de vida que según su abuelo, Alfred Otis, un distinguido juez ya retirado, no podía proporcionarle su progenitor, Edwin Earhart, un abogado de segunda que trabajaba para las empresas de ferrocarril. Amelia era una niña de carácter inquieto y audaz: «Siempre estoy lista para una nueva aventura». Le encantaba sumarse a las actividades propias de los chicos, como subirse a los árboles, deslizarse en trineo a toda velocidad o disparar a las ratas con un rifle: «¿Quién desea una vida encerrada en la seguridad?». Uno de sus pasatiempos favoritos consistía en reunir todos aquellos recortes de prensa en los que aparecía alguna mujer que sobresalía por llevar a cabo alguna actividad que tradicionalmente realizaban los hombres. Sin duda, una premonición de hacia dónde iba a encaminar luego su vida: «La manera más efectiva de hacer algo es hacerlo». También le encantaba imaginar que visitaba lugares remotos y exóticos: «Cuando cumplí siete años mi padre me regaló un globo terráqueo. Yo me pasaba horas haciéndolo girar lentamente, leyendo los nombres de todos esos lugares extraños y lejanos: Marruecos, España, Etiopía. Y soñaba que algún día iría a esos lugares, como peregrina, viajante o vagabunda».

En 1905 Amelia se trasladó con su familia a la localidad de Des Moines, en Iowa, donde su padre había conseguido un empleo como ejecutivo. Fue allí, en una feria estatal, siendo solo una niña, donde vio por primera vez de cerca un aeroplano. Curiosamente no le llamó demasiado la atención: «Bah, no era más que un cacharro de madera con un montón de cables oxidados. No me pareció para nada algo interesante».

La vida de Amelia toma un nuevo rumbo

En 1911 murió la abuela materna de Amelia, a la que se sentía muy unida. Al poco tiempo su padre empezó a beber y le despidieron del trabajo: «Mi padre era un alcohólico y me ha defraudado toda la vida». En esa época la familia se mudó a St. Paul, en Minnesota, y al cabo de algún tiempo a Springfield, en Missouri, donde según su padre le estaba esperando un empleo. Al final, la madre de Amelia, harta de que todas las promesas de su marido resultaran ser fiascos, cogió a sus dos hijas y se marchó a Chicago primero y a Nueva York después. Allí Amelia cursó estudios superiores en la Universidad de Columbia, formación que completó luego realizando cursos de verano en la Universidad de Harvard. Todo parecía indicar que iba a dedicarse a la enseñanza, pero entonces estalló la I Guerra Mundial y decidió enrolarse como voluntaria para ayudar como enfermera: «Hice un cursillo acelerado con mi hermana en la Cruz Roja para poder trabajar como enfermera». La destinaron a un hospital de campaña en Toronto donde acababan los pilotos que habían sido heridos en combate. Mientras estaba allí visitó un campo del Cuerpo Aéreo Real: «Allí fue donde me picó realmente el gusanillo de la aviación».

En 1920 la familia volvió a reunirse, en esta ocasión en California. Amelia asistió entonces a un espectáculo aéreo que tuvo lugar en Long Beach. Viendo las piruetas de los aviones, quedó definitivamente fascinada y, tras terminar el espectáculo, se las apañó para que la llevaran a bordo de un biplano. Estuvo volando como pasajera durante unos 10 minutos sobre Los Ángeles. La experiencia marcó en su vida un antes y un después: «Tan pronto como despegamos supe que a partir de ese momento tendría que dedicarme a volar».

Amelia se convierte en piloto

Decidida como estaba, habló con Neta Snook, otra piloto pionera que trabajaba como instructora de vuelo, y consiguió que le diera sus primeras clases prácticas: «Volar me permite moverme en tres dimensiones. Es fantástico». En seguida quedó claro que Amelia tenía unas dotes especiales para la aviación, y que disfrutaba mucho volando: «Quiero volar porque quiero ser libre, y porque me divierte. Quiero ser una vagabunda del aire».

Con la ayuda de su hermana Muriel y de su madre Amy Otis Earhart, que aportaron una generosa cantidad de dinero, Amelia se hizo con un prototipo del aeroplano Kinner, al que bautizó con el nombre de *El canario*: «La propiedad es la carta del triunfo». Con él sufrió sus primeros accidentes, algo bastante común en esa época ya que los motores eran poco fiables y los aparatos muy lentos: «Volar no es un camino de rosas, pero resulta tan divertido que vale la pena pagar el precio».

Así pues, siguió volando y disfrutando con lo que hacía: «Una belleza maravillosa a mi alrededor, tan encantadora como para distraer a cualquier piloto de su tarea, la de llevar el avión pesado fuera del platillo del gran altiplano sobre de las montañas que le sirven de contorno». Y comenzó a lograr sus primeras marcas importantes. Así, en octubre de 1922 consiguió su primer récord de altitud, ya que voló a 14.000 pies de altura, unos 4.267 metros: «La preparación, tal y como he dicho a menudo, constituye con razón dos tercios de cualquier empresa». En 1923 la Federación Aeronáutica Internacional le concedió por fin la licencia de piloto, gracias a lo cual se convirtió en la decimosexta mujer que lo lograba: «Estoy en mi brillante aventura, volando por el mundo. Sin fronteras, sólo horizontes. Sólo libertad». En 1927 se unió a la Asociación Aeronáutica Nacional y se dedicó a invertir dinero para la construcción de una pista de aterrizaje en Boston: «Lo más difícil es tomar la decisión de actuar. Luego ya solo es cuestión de ser tenaz. Los temores no son más que tigres de papel. Uno puede hacer cualquier cosa que se proponga. Puede actuar para cambiar y controlar su vida. El proceso será su propia recompensa».

Durante ese período también se dedicó a vender aviones Kinner y a promover la aviación, especialmente entre las mujeres, algo realmente audaz y rompedor en la época: «La mujer capaz de crear su propio puesto de trabajo será la que consiga ganar fama y dinero».

Amelia recibe una oferta irresistible

Tras el divorcio de sus padres, Amelia se trasladó a Boston, Massachussets, donde trabajó durante un tiempo como asistente social mientras seguía practicando su afición. Poco a poco empezaba a hacerse un nombre dentro del mundo de la aviación, un baluarte copado por los hombres. De hecho el *Boston Globe* la reconocía como «una de las mejores pilotos de Estados Unidos».

Fue entonces, concretamente en abril de 1928, cuando recibió una llamada que iba a cambiar por completo su vida. En ella el capitán H.H. Railey le preguntó si quería ser la primera mujer en cruzar el Océano Atlántico. Para alguien que decía cosas como: «Si alguien me dice que algo no puede hacerse yo respondo que habrá que cambiar eso», era un reto demasiado atractivo como para dejarlo pasar. La idea había partido de Amy Guest, una aristócrata estadounidense. Había adquirido un Fokker F. VII y en un principio iba a ser ella misma la que realizara la proeza con su nave, pero su familia no estaba de acuerdo y al final Amy cedió a las presiones y desistió. La familia Guest contrató entonces a George Putnam, un publicista de Nueva York, y le encargó que encontrara a la candidata perfecta para sustituir a Amy. La escogida fue Amelia.

La nave fue bautizada con el nombre de *Amistad*. Estaba previsto que despegara el 3 de junio de 1928 en dirección a Europa llevando a bordo al piloto Wilner Stultz, al mecánico Louis Gordon y a Amelia, que iba en calidad de pasajera. Pero el mal tiempo hizo que finalmente despegara el día 18. La nave llegó a Europa sin problemas, pero aterrizó en Burry Port, en el sur de Gales, y no en Irlanda como estaba previsto. A pesar de que la propia Amelia reconoció en todo momento que el trabajo, y por tanto el mérito, había sido de los dos hombres, los reporteros los ignoraron y la abordaron a ella. Recibió las felicitaciones del presidente Calvin Coolidge y empezó a ser conocida como Lady Lindy, por su parecido al prestigioso aviador Charles Lindbergh. A ella le pareció que eso no era justo, que uno tenía que ganarse su propia reputación por méritos propios: «¡Prefiero enfrentar una muerte en el agua que seguir viviendo un fraude!». Así que siguió volando para algún día ser merecedora de su fama: «Pilotar es mucho mejor que ser un simple pasajero». E impulsando la aviación entre las mujeres, todavía con más ahínco: «En 1929 organicé una carrera aérea exclusiva para mujeres y la llamé la Pow-der-Puff derby. Las participantes tenían que volar desde Los Ángeles hasta Cleveland». También fundó y fue presidenta de la organización conocida como «Las noventa y nueve», que tal y como indica su nombre estaba formada por 99 miembro, y que tenía como sede su habitación de Hotel en Cleveland. Su fama seguía creciendo y ella la aprovechó para promover el uso comercial de la aviación y para defender, desde una postura claramente feminista, la incorporación de las mujeres al mundo laboral en general y al campo de la aviación en particular: «De vez en cuando las mujeres deben hacer por sí mismas lo que los hombres ya han hecho —y en ocasiones incluso lo que los hombres no han hecho— realizándose así como personas y arrastrando tal vez a otras mujeres hacia una mayor independencia de pensamiento y acción. Esta fue una de las razones que contribuyeron a que quisiese hacer lo que tanto deseaba hacer». En 1930 ayudó a crear una aerolínea entre Nueva York, Filadelfia y Washington, de la que fue vicepresidenta de relaciones públicas.

Amelia antepone la aviación a su vida amorosa

Desde que había conocido a George Putnam con ocasión del primer vuelo sobre el Atlántico, cada vez pasaban más tiempo junto a él. Se entendían bien y formaban un buen tándem. Con el tiempo surgió entre ellos algo más que amistad y un buen día George le propuso matrimonio. Pero ella no quería renunciar a su independencia ni tampoco a su pasión, y temía que si aceptaba tendría que hacerlo, así que le rechazó: «Querido G. P. Debo reiterar mi renuncia a casarme, dado que siento que hacerlo me impediría seguir con la vida de aviadora que tanto significa para mí. En esta relación debo conservar algún lugar donde pueda ser yo misma de vez en cuando. Porque no puedo garantizar que soporte en absoluto el confinamiento en una jaula, aunque sea atractiva». Pero George estaba muy enamorado y siguió insistiendo. Sólo cuando estuvo convencida de que éste la apoyaría y la dejaría seguir llevando la vida que tanto le gustaba, aceptó su propuesta. Eso sí, conservó siempre su apellido de soltera. Contrajeron matrimonio en 1931 y formaron un equipo estupendo en el que ella se dedicaba a volar y a batir nuevos récords, y él mientras tanto se encargaba de organizar toda clase de actos para promocionarla y escribía sobre sus aventuras: «He amado a una persona incondicionalmente. Es el tipo más compasivo, generoso, encantador y divertido que he conocido».

Su primer viaje en solitario sobre el Atlántico

En este punto de su vida, Amelia sintió que estaba preparada para realizar su primer vuelo en solitario sobre el Atlántico, y así se lo hizo saber a su marido: «¿Te molestaría que hiciera un vuelo sobre el Atlántico?». Quería ser la primera, y empezaba a haber otras mujeres que amenazaban con quitarle ese honor. A su marido no solo no le molestó, sino que la apoyó y la animó a seguir adelante con el proyecto, así que no tuvo ninguna duda: «Lo conseguiré, sé que lo haré». El plan era hacer el viaje desde Harbour Grace, Terranova y Labrador hasta Gran Bretaña, es decir, utilizar una ruta distinta a la que se había usado hasta entonces: «La idea era seguir la línea del Ecuador, algo que no se había hecho y que resultaba todo un reto». Amelia partió el 20 de mayo de 1932, justo cinco años después de que lo hiciera Charles Lindbergh. Y lo hizo montada en un Lockheed Vega modificado: «Amelia no tomaba ni té ni café, así que para mantenerse despierta lo que hacía era oler un tarro de sales. Sólo llevaba consigo un termo con sopa y una lata de zumo de tomate». Aterrizó en Derry, en el norte de Irlanda. No reconoció el lugar, así que bajó del avión y preguntó a un lugareño:

«--¿Dónde estoy?

--En el pastizal de Gallegher. ¿Viene de lejos, señorita?

--De los Estados Unidos.»

En esa travesía Amelia consiguió batir muchas marcas: «Fui la primera mujer en cruzar el Atlántico en solitario, la primera persona en hacerlo dos veces, la mujer que había volado la distancia más larga hasta la fecha y la que había cruzado el Atlántico en menos tiempo, tan solo tardé 13 horas y 50 minutos».

Tras su primer vuelo sola por el Atlántico, Amelia empezó a diseñar prendas de ropa cómodas para volar, ya que no existían piezas de este tipo pensadas para las mujeres: «Mi primera creación consistió en unos pantalones anchos y cómodos, y una chaqueta con cremallera y grandes bolsillos, que permitieran tener a mano todo lo necesario». La revista *Vogue* hizo un amplio reportaje presentándolo. Tuvo tanto éxito que empezó a diseñar su propia línea de ropa: «Era ropa pensada para las mujeres que llevaban una vida activa». Lo cierto es que ella misma sabía vestirse muy bien para cada ocasión y era muy consciente de la imagen que proyectaba: «Debes tomarte muy en serio cada aparición en público porque nunca sabes dónde podría llevarte». Varios fabricantes de Nueva York se lanzaron a fabricar colecciones de Amelia Earhart que luego se comercializaban en más de 30 ciudades. Macy abrió una tienda exclusiva dedicada a sus modelos en Nueva York y Marshall Field otra en Chicago.

Amelia inventa nuevas aventuras

Los reconocimientos cada vez eran más. Hizo un tour por Europa, el presidente Hoover la condecoró con la medalla dorada especial de la National Geographic Society, recibió las llaves de varias ciudades, el Congreso la condecoró con la Cruz Distinguida de Vuelo, la primera vez que otorgaba esa distinción a una mujer, y en 1932 fue votada la mujer más destacada del año.

En 1934 anunció la que sería su siguiente aventura, un vuelo a través del Océano Pacífico, desde Hawai a California y luego a Washington. Diez pilotos lo habían intentado antes que ella y ninguno lo había logrado: «¿Qué saben de límites los sueños? Todo el mundo tiene océanos que volar, siempre que tenga el valor para hacerlo». Salió de Honolulu el 11 de enero de 1935 y aterrizó en Oakland, California, ante una multitud entregada que no paraba de vitorearla. El propio Roosevelt le hizo llegar sus más sinceras felicitaciones. Ese mismo año realizó el primer viaje en solitario desde Los Ángeles a Ciudad de México y de allí a Newark, Nueva Jersey.

La trágica travesía alrededor del mundo

En 1935 Amelia empezó a planear un viaje alrededor del mundo. Sabía que si lo conseguía marcaría dos nuevos hitos: sería la primera mujer que lo lograba y se convertiría en la persona que había volado la mayor distancia posible circunnavegando el globo en su ecuador: «Las mujeres pilotan mejor que los hombres, y mi vuelo alrededor del mundo no hará sino probarlo». Los organizadores decidieron que la acompañarían el piloto Fred Noonan, que tenía mucha experiencia en vuelos sobre el Océano Pacífico, y otros dos tripulantes en calidad de técnicos: «Era el único vuelo que me quedaba por hacer y para llevarlo a cabo elegí el Lockheed Electra 10E».

La fecha escogida para iniciar la aventura fue el 17 de marzo de 1937. Pero al despegar cerca de Pearl Harbor el aparato perdió el control y sufrió daños considerables que obligaron a posponer el vuelo. Quizás fuera una premonición, pero Amelia estaba demasiado ilusionada y entregada como para hacerle caso. Por eso

una vez reparado el aparato, se iniciaron los preparativos para
realizar un nuevo intento. En esta ocasión, sin embargo, solo
irían a bordo Noonan y Amelia. Que no quisiera renunciar a su
sueño no significa que no fuera muy consciente de los riesgos
que corría. Así lo expresaba en una carta dirigida a su marido:
«Por favor, quiero que sepas que soy muy consciente de los peli-
gros. Lo hago porque lo deseo. Las mujeres deben intentar hacer
cosas al igual que lo han hecho los hombres. Y si fallan, su fracaso no debe ser sino un reto para otras».

Finalmente salieron de Miami el 1 de junio de 1937: «Creo
que tan solo me queda por hacer un vuelo exitoso más y espero
que sea este viaje. En cualquier caso, cuando termine este trabajo, pienso retirarme de esta clase de vuelos de 'malabarismo de
larga distancia'». Su primer destino fue San Juan, en Puerto Rico.
De ahí voló a Caripito, al este de Venezuela, bordeó Suramérica
con rumbo a África y el mar Rojo, y desde allí realizó un vuelo
inédito en la historia de la aviación hacia Karachi, en Pakistán.
Luego llegó el turno de Calcuta, Rangún, Bangkok, Singapur y
Bandung, en Indonesia. En Bandug, mientras reparaban la nave,
Amelia enfermó de disentería. El 27 de junio reiniciaron el viaje
en dirección a Darwin, en Australia, y una vez allí ella mandó de
regreso los paracaídas: «En lo que resta de viaje los paracaídas no
serán necesarios». Llegó a Lae, Papúa Guinea, el 29 de junio, tras
haber volado 35.405 quilómetros. Desde allí se comunicó con el
Herald Tribune. En las fotos que mostró la publicación se la veía
enferma y cansada. Pero nada podía impedir que siguiera adelante con su proeza. Partió de nuevo el 2 de julio. Llevaba 30 días de
vuelo y ese día había temporal. A las 19.30 GMT se comunicó
con el guardacosta estadounidense Itasca: «KHAQQ llamando a
Itasca. Debemos estar encima de ustedes, pero no los vemos. Se
nos está agotando el combustible». A las 20.41 GMT el guardacosta recibió un último mensaje en el que ella indicaba cuál era

su posición. Luego se hizo el silencio. A las 21.30 GMT decidieron que el avión podía haber caído al mar y se iniciaron las labores de búsqueda.

La misteriosa desaparición de Amelia

Así pues, Amelia Earhart desapareció oficialmente en el Océano Pacífico, a una distancia de entre 56 y 160 quilómetros de la isla Howland, el 2 de julio de 1937. El presidente Franklin D. Roosvelt autorizó la búsqueda de la nave con 9 barcos y 66 aviones, en una operación conjunta que costó 4 millones de dólares. El 18 de julio se abandonaron las tareas de búsqueda sin que se hubiera encontrado el más mínimo indicio de su paradero. George Putnam, su marido, buscó ayuda para poder continuar a pesar de que las posibilidades de encontrarla con vida eran ya muy pocas. La versión oficial zanjó el asunto con el siguiente comunicado: «Por falta de combustible, el aparato cayó sobre el Océano Pacífico antes de poder llegar a la isla».

El hecho de que jamás se hallaran ni los cuerpos de los tripulantes ni ningún resto de la nave dio pie a multitud de teorías sobre su trágico final. Pero lo cierto es que a día de hoy siguen sin conocerse las circunstancias exactas del accidente y el lugar exacto en el que se produjo. Recientemente, sin embargo, se han realizado algunos descubrimientos que parecen apuntar a que la nave no se estrelló contra el agua, tal y como se creía.

La nueva teoría sobre su desaparición

Según los nuevos indicios Amelia habría realizado un aterrizaje de emergencia en la isla Nikumaroro, en el archipiélago de Kiribati, al oeste del Océano Pacífico, en la que tanto ella como Noonan habrían sobrevivido durante algún tiempo como náufragos.

Pero esa zona estaba deshabitada en la época y con el tiempo habrían fallecido de inanición o a causa de alguna enfermedad.

Por un lado existía una fotografía del avión Electra que pilotaba Amelia, una fotografía que fue realizada por un fotógrafo del *Miami Herald* el 1 de junio de 1937, el día que iniciaron la aventura. En ella podía apreciarse un brillante parche rectangular que el aeroplano llevaba en la parte trasera, un apaño de urgencia que tuvieron que hacer a la nave. Por otro, en 1991 se encontraron en esta isla unos restos de fuselaje. Al comparar estos restos con la pieza que se veía en la fotografía se hallaron varias coincidencias. También se encontraron en la isla restos de un envase de la época que habría contenido un corrector para las pecas, que podría haber pertenecido a Amelia.

Se rescataron entonces otros datos que se habían barajado y descartado en distintos momentos. Por un lado, un documento que dejaba constancia del accidente de un avión en el que viajaban un hombre y una mujer acaecido antes de 1939. Por otro, la afirmación de un ex marine que ya en los años sesenta había explicado que durante un viaje a dicha isla con las tropas norteamericanas un miembro de la tribu autóctona le contó que cuando se habían trasladado a vivir a la isla, habían encontrado un esqueleto humano y un zapato de mujer, un tipo de calzado que los nativos no usaban. Se sabe que los restos óseos fueron entregados a los responsables de la administración colonial del Reino Unido, porque así consta en los registros militares británicos. Pero lo cierto es que estos restos desaparecieron luego. Además, todavía existen documentos del gobierno de los Estados Unidos relacionados con Amelia Earhart considerados secretos. Todos estos datos y hechos hacen que cada vez gane más puntos la teoría de que Amelia Earhart no murió al impactar el aeroplano contra el agua ni tampoco ahogada, como afirmó en su momento la versión oficial, sino que falleció a causa del hambre, la sed o alguna enfermedad mientras se encontraba en la isla donde ella misma había conseguido aterrizar realizando una última proeza.

Un homenaje póstumo que seguro le habría gustado

En 1983 se construyó en la isla Howland un faro en honor a Amelia Earhart, una mujer visionaria y adelantada a su tiempo que supo vivir intensamente su pasión por la aviación. Hasta el punto de convertirse en un ídolo nacional y en símbolo de la perseverancia y el espíritu aventurero. Su muerte sigue siendo un misterio, pero le ocurriese lo que le ocurriese, seguramente sus últimos pensamientos se parecieran a estos: «Pienso en las manos que he estrechado, en los lugares que he visto, en las vastas tierras cuyo barro se ha secado en las suelas de mis zapatos». Y luego se refugió para siempre en su querido cielo infinito.

Colette,

la escritora que osó hablar abiertamente de la sexualidad

«La mujer que se cree inteligente quiere tener los mismos derechos que el hombre. La mujer que es inteligente, no.»

Sidonie-Gabrielle Colette nació en Saint-Sauveur-en-Puisaye, en plena Borgoña, el 28 de enero de 1873. Su madre, Adele Sidonie Landoy, una joven viuda, tenía dos hijos de un matrimonio anterior y gozaba de una posición bastante acomoda. Su padre, Jules-Joseph Colette, era un militar sin patrimonio que había perdido una pierna en la batalla de Melegnano. Ella fue la segunda de sus hijas y destacó en seguida por su fuerte carácter: »No tiene nada de malo que los niños, de vez en cuando y con buenos modales, pongan a sus padres en su sitio».

Colette disfrutó de una educación laica que supo aprovechar muy bien, ya que era una niña inteligente y curiosa que aprendió a leer a muy temprana edad. Sin embargo, era muy díscola y a menudo se mostraba insolente con los profesores, algo que le trajo algún que otro problema en la escuela: «Cuando era pequeña me decían siempre que el trabajo lleva en sí mismo su recompensa. Así que tras el esfuerzo, esperaba una recompensa misteriosa, abrumadora, una especie de gracia. Todavía la espero».

Tuvo una infancia alegre y feliz. Adoraba la enorme casa familiar y la pequeña villa de la Borgoña donde vivían, un lugar que ella misma acabaría convirtiendo en una especie de mito y gracias al cual desarrolló una gran pasión por el ejercicio físico y un gran amor a la naturaleza: «Los compañeros perfectos nunca tienen menos de cuatro patas». Pero era también muy inocente y quizás por eso afirmaría luego, cuando fue un poco más mayor: «Una infancia feliz es una pobre preparación para los contactos humanos».

Durante la adolescencia, su familia empezó a tener problemas económicos y tuvo que mudarse a una modesta vivienda en la localidad de Chatillon. A pesar de que fue un cambio importante, ella se adaptó sin grandes problemas: «Si no tengo suficientes trufas, pues lo hago sin trufas».

Colette conoce a Willy

Colette se había convertido en una hermosa joven de 17 años que destacaba por sus rasgos atractivos y su melena rubia. Al poco de llegar a Chatillon conoció a Henry Gauthier Villars, un escritor y crítico al que todo el nombre conocía por el sobrenombre de Willy. A ella le fascinaron su aire mundano, su experiencia y su cultura. Era 15 años mayor que ella y un libertino, pero ni lo uno ni lo otro fue un obstáculo para que contrajeran matrimonio en Chatillon-Coligny tras cuatro años de noviazgo, concretamente el 15 de mayo de 1893: «Cuando se es amado, no se duda de nada. Cuando se ama, se duda de todo».

Seguía siendo una lectora voraz que devoraba las obras de Edgar Allan Poe, Paul Verlaine, Leconte de Lisle, Rudyard Kipling o Joseph Conrad, entre otros muchos: «Mis autores favoritos en lengua francesa son sin duda Balzac y Proust. Tuve la suerte de conocer a Marcel Proust en persona e intercambiamos muchas cartas a lo largo de los años». También leía libros de ciencias naturales, tanto de botánica, zoología u horticultura, como de oceanografía o entomología. Y adoraba los libros de viajes: «Sólo necesitan viajar las personas que no tienen imaginación».

Al poco tiempo de casarse con Willy descubrió que éste la engañaba: «El enfermo de amor, el que se siente traicionado y el celoso desprenden el mismo olor». Se sintió tan decepcionada que incluso cayó enferma, pero a la vez empezó a madurar y a sentar los cimientos de su futura personalidad. Y llegó a la siguiente conclusión: «La sinceridad no es algo espontáneo, ni tampoco lo es la modestia».

Colette debuta como escritora

Su marido era un hombre popular y respetado en los círculos intelectuales, pero lo cierto es que tenía a varios colaboradores que escribían para él. Y no tardó en darse cuenta de que su mujer poseía un talento especial para la literatura, algo que alguien como él no podía desperdiciar. Fue por eso que animó a su esposa a que escribiera sus recuerdos de los años de colegio. Y ella aceptó porque en el fondo le apetecía mucho: «Sólo hacemos bien aquello que de verdad queremos hacer». Así nació *Claudine en la escuela*, la historia de una joven campesina lista y descarada, perversa de tan inocente: «Claudine era yo, Colette, pero eso no importaba a nadie». El libro se editó en 1900 con la firma de Willy y se convirtió inmediatamente en un gran éxito, en todo un fenómeno editorial, cultural y sociológico. Willy, que había firmado el libro con la misma falta de pudor con la que la engañaba, vio que aquello era un filón y la presionó para que escribiera otro, llegando incluso a encerrarla en su habitación para obligarla a trabajar: «Los defectos de los maridos a menudo son causados por el exceso de virtudes de sus esposas». La serie se completó con otros tres volúmenes. En todos ellos se abordaban la sexualidad femenina abiertamente, y la inocente y sensual Claudine se convirtió en todo un símbolo. Incluso el cuello camisero redondeado que llevaba la protagonista pasó a denominarse «cuello Claudine».

Colette se independiza

Tras la publicación de la cuarta entrega, Colette empezó a tener serias dudas sobre su relación con Willy: «Hay hombres que son como los gatos, o los tigres, que abrazan a sus presas y las lamen mientras a la vez las magullan». Estaba harta de sus infidelidades y de verse reducida al papel de esposa escarnecida y burlada: «Con él tuve que soportar las peores humillaciones, como por ejemplo el día que me hizo pasear junto a su amante vestidas las dos iguales, como si fuéramos gemelas». En 1904 publicó el primer libro firmado por ella, *Diálogos de animales*, y se dio cuenta de que en realidad no le necesitaba, así que poco a poco fue librándose de su tutela. No solo empezó a vivir su vida, sino que además se liberó de prejuicios y ataduras y dio rienda suelta a su sexualidad: «A Willy no le importaban las aventuras que tenía con otras mujeres, pero sí las que tenía con otros hombres». En mayo de 1905 decidieron separarse amistosamente. A Colette no le gustaba hacerse la víctima ni dramatizar, de modo que asumió su fracaso matrimonial sin más: «Creo que hay ocupaciones más urgentes y honorables que la de perder el tiempo en un estado de sufrimiento».

Colette se concentró en su trabajo y se dedicó a escribir y publicar de forma asidua: «Escribir te conduce a escribir más. Y si alguna vez me aburro, no me importa, porque el aburrimiento ayuda a tomar decisiones». Ello le permitió afianzarse como escritora. Sabía escoger muy bien las palabras e impregnarlo todo con un estilo fresco y lleno de sensualidad. Animada por su amigo George Wagner, se atrevió además con una nueva aventura y empezó a actuar en espectáculos de Music Hall, iniciando así una carrera de actriz que siguió cultivando a lo largo de su vida: «La ausencia total de humor hace que la vida resulte insoportable». En esta época de liberación moral tuvo sus primeras aventuras amorosas con mujeres: «Una mujer disfruta con la certeza de acariciar un cuerpo cuyos secretos conoce y cuyas preferencias son sugeridas por el suyo propio». Una de ellas fue la duquesa Belbeuf Mathilde de Morny, a la que durante una actuación en el Moulin Rouge besó en la boca en público: «Fue tal el revuelo que causó que tuvo que intervenir la policía». Pero no todas las mujeres con las que se relacionaba eran sus amantes. Algunas fueron solo amigas, como Helene Picard, que fue además su secretaria, o Marguerite Moreno. También trabó una buena amistad con los escritores Jean Cocteau, que le hizo un bello retrato, y Paul Valéry.

Así pues, Colette escandalizó y sedujo a su público a partes iguales: igual daba conferencias o publicaba un libro nuevo que aparecía mostrando los pechos en un cabaret o vestida de hombre: «Haced tonterías, pero hacedlas con entusiasmo».

Colette se reencuentra con Henry de Jouvenel

En 1910, Colette se reencontró con un viejo conocido, el periodista Henry de Jouvenel, que trabajaba como redactor jefe de *Le Matin*, e iniciaron una relación amorosa. Se casaron en 1911 y tuvieron una hija, a la que dio un nombre provenzal, Bel-Gazou. Tres días después del parto, ya estaba trabajando otra vez. Para entonces era ya colaboradora fija del diario parisino *Le Matin*, donde escribía una columna semanal.

Cuando estalló la I Guerra Mundial, Henry fue llamado a filas y Colette se ofreció para colaborar en un hospital de campaña en Verdún, pero se carteaban y se reunían siempre que podían: «Pase lo que pase, sé feliz. Es una forma de ser sabio». Más adelante, ella tuvo también la oportunidad de vivir la guerra de cerca trabajando como cronista. Al finalizar la contienda, ambos regresaron a París y Colette se concentró en su nueva novela, *Cheri*, que se convirtió en uno de sus trabajos más reconocidos. La escritora era ya una celebridad con admiradores en muchos países. En 1922 comenzó a publicar por entregas su obra *El trigo en ciernes*, en la sección de cuentos de *Le Matin*. Fue todo un escándalo, ya que hablaba de temas escabrosos. Hasta el punto que el periódico interrumpió su aparición cuando llevaba media obra.

A punto de cumplir los cincuenta años, a Colette empezó a preocuparle el paso del tiempo: «Uno intenta no pensar en la vejez hasta que ya tiene un pie en la tumba». Y también la pérdida de su atractivo: «Soportaría gustosa una docena más de desencantos amorosos si ello me ayudara a perder un par de kilos». Quizás por eso transformó la complicidad que tenía con su hijastro en una relación carnal. El chico tenía 17 años, ella 23 más. Inauguró así las relaciones entre una mujer madura y un chico joven con un punto canalla, algo que sigue estando de moda en la actualidad: «Ninguna tentación puede ser medida por el valor de su objeto». Henry, enterado de sus devaneos con su propio hijo, le pidió el divorcio en 1923. Dos años más tarde, la separación quedó formalizada.

Colette conoce a su tercer marido

Al cabo de algún tiempo Colette conoció a Maurice Goudeket, un vendedor de perlas quince años más joven que ella que había hecho algunas incursiones poco exitosas en el campo de la literatura y que se convirtió en el tercer hombre de su agitada vida. Con él pareció encontrar por fin el equilibrio. Fue un buen compañero de viaje que la apoyó y la acompañó en todo momento. En esta época su hija empezó a mostrarse rebelde y conflictiva. Colette decidió entonces mandarla a un internado, pero siguió supervisando sus estudios y cuando llegaban las vacaciones escolares trataba de dedicarle el máximo de tiempo posible.

Mientras tanto, su carrera seguía viento en popa. En 1931 inició la publicación por entregas de *Estos placeres*, una especie de biografía sobre el período más tétrico de la poetisa lesbiana Renée Vivien: «La seducción que emana de una persona de sexo incierto o simulado es imponente». La primera entrega apareció en el semanario *Gringoire* y recibió tal aluvión de protestas por parte de los lectores escandalizados que la segunda entrega ya no llegó a ver la luz. La obra hablaba de toda clase de rarezas sexuales sin dejar nada en el tintero: «Un error es un mal que se comete sin placer». Acabó publicándolo bajo el título de *Lo puro y lo impuro*. Un año más tarde, en 1932, inició la redacción de su novela corta más famosa, *La Gata*, que tuvo mucho éxito en su momento y que sigue reeditándose ochenta años después. Colette escribía pues una obra por año y sintió que necesitaba una tregua.

Proyectos distintos y nueva boda

En 1931 Colette pensó en abrir un salón de belleza como vía de escape que compensara un poco su frenética actividad intelectual y literaria: «Siempre había querido fabricar perfumes y productos de belleza. No tenía conocimientos sobre el tema, tan solo sabía lo que había aprendido de las largas conversaciones con mis amigas y del hecho de haberme preparado yo misma algunas cremas». Maurice la animó a tirar adelante el proyecto y finalmente inauguró su querida Maison de la Beauté en pleno barrio de Saint Honoré, en París. En la fachada hizo colocar un cartel que decía: «Me llamo Colette y vendo perfumes». Contrató algunos especialistas y ella se dedicó a supervisar todo lo referente al negocio, desde el trabajo que estos hacían hasta la decoración o el diseño de los frascos: «Yo escribía personalmente todas y cada una de las etiquetas que luego pegaba a los botes de crema con las instrucciones de uso». En sus productos ofrecía además consejos prácticos de todo tipo: «Si usted tiene los ojos azules, tenga cuidado con el uso de sombras azules; puede quedar demasiado artificial» o «Ríase todo lo que quiera pero, si no quiere envejecer, llore sólo lo necesario». Aunque Colette siempre se sintió orgullosa de su aventura, lo cierto es que el negocio no funcionó demasiado.

Por eso volvió a lo suyo. Aceptó el encargo de escribir las críticas teatrales del periódico *Le Journal,* tarea que desarrolló entre 1933 y 1936. Y mientras lo hacía se embarcó en otro proyecto, pero este de ámbito personal: una nueva boda. El 3 de abril de 1935, tras casi diez años de relaciones, Colette y Maurice contrajeron matrimonio. Ella tenía 62 años y él 45. Tras la boda, fue elegida miembro de la Real Academia de Lengua y Literatura francesa de Bélgica. Ella agradeció dicho honor pronunciando un memorable discurso. En 1936 retomó su producción narrativa con la obra *Mis aprendizajes*, y en 1937 publicó su primer libro de relatos, Bella Vista.

Estalla la II Guerra Mundial

El estallido de esta nueva contienda coincidió con el inicio de la decadencia física de Colette. Sufría una grave artritis de cadera que en un primer momento hizo que le costara mucho andar y moverse, y que a partir de 1944 la dejó postrada en una silla de ruedas. Pero además su principal apoyo, su marido, acabó en el campo de concentración de Compiegne porque era judío. Colette recurrió a los colaboracionistas y, aprovechando que no había sido deportado a Alemania, logró que lo liberaran. A pesar de su enfermedad, empezó a escribir la que probablemente sea su obra más conocida, *Gigi*, la historia de una mujer que ha sido educada para convertirse en la perfecta esposa en una sociedad en la que las apariencias lo son todo, una parodia excelente de un mundo lleno de hipocresías, prohibiciones y convencionalismos. La obra tuvo tal repercusión que se convirtió primero en obra de teatro, en Broadway, y luego en película de cine dirigida por Vincent Minelli y protagonizada por Audrey Hepburn: «Audrey Hepburn fue un tesoro que descubrí un buen día en una playa. Vayan para ella todo mi amor y mi gratitud».

Colette había alcanzado el cénit de su carrera y decidió instalarse en un apartamento cerca del Palais Royal, residencia que ya sólo abandonaría los veranos que se marchaba a Saint-Tropez o para hacer algún viaje esporádico a Nueva York, Berlín, España, Gibraltar, los fiordos Noruegos o Montecarlo.

Su enfermedad avanza rápido

Su artritis cada vez se agravaba más. A pesar de que la obligaba a ir en silla de ruedas a ella lo que le molestaba no era la inmovilidad, sino los terribles dolores que la martirizaban noche y día, y que a veces le resultaban insoportables: «Tenía que pasar la mayor parte del día tumbada, pero seguía maquillándome todas las mañanas y me rodeaba de objetos hermosos para sentirme reconfortada». Maurice no se separaba de ella y le ayudaba como podía a soportar la dolencia: «Vivo recluida en mi apartamento de Palais-Royal rodeada de gatos. No está tan mal».

Mientras su declive continuaba, seguían apareciendo nuevas ediciones de sus obras y traducciones a otras lenguas. En 1945 fue elegida miembro de la Academia Goncourt, de la que fue presidenta entre 1949 y 1954. En 1948 su marido Maurice Goudeket empezó a recopilar todos sus trabajos con la intención de publicar sus obras completas, que no verían la luz hasta 1976. Y en 1953 fue condecorada con la Legión de Honor, algo que antes de ella sólo había conseguido otra mujer. Así que se mostraba satisfecha con su vida en general y con todo lo que había logrado profesionalmente: «Adoro mi pasado, amo mi presente, no me avergüenzo de lo que he hecho, ni estoy triste por lo que no tengo. ¡Qué vida tan maravillosa he tenido! ¡Ojalá me hubiera dado cuenta antes!».

Poco a poco la vida de esta singular mujer se fue apagando y finalmente, el 3 de agosto de 1954, falleció en París a la edad de 81 años. No tuvo un funeral católico, ya que era una atea declarada. Sin embargo, la República Francesa celebró unos funerales de estado en su honor, lo que la convirtió en la única escritora francesa que había gozado de ese privilegio. Fue enterrada en el cementerio del Père Lachaise de la capital francesa.

Así nos dejó esta mujer adelantada a su tiempo que exploró sin miedo y con mucho tino, de forma desinhibida, independiente y sugerente, las relaciones, especialmente las físicas, entre los seres humanos. La mujer que llegó a ser considerada como la más célebre novelista francesa por algunos, e incluso como la primera mujer moderna del siglo XX por otros. Una mujer valiente que se propuso ser feliz y que, sin duda, lo consiguió. Y luego simplemente se marchó, porque como ella misma afirmaba: «Para un poeta, el silencio es una respuesta aceptable, incluso halagadora».

Katharine Hepburn,

la actriz que plantó cara a Hollywood

«Si hubiera vivido siguiendo todas las reglas, no hubiera llegado a ninguna parte y, además, me habría perdido toda la diversión.»

Katharine Houghton Hepburn nació el 12 de mayo de 1907 en Hartford, la capital de Connecticut, en el seno de una familia acomodada e ilustrada, pero a la vez bastante atípica. Por un lado estaba su padre, Thomas Norval Hepburn, que era ginecólogo y estaba empeñado en combatir las enfermedades sexuales. Y por otro, su madre, Katharine Martha Houghton, una sufragista que defendía el derecho a votar de las mujeres, que exigía que se reconociese a las prostitutas y que se implicó en la lucha por el control de la natalidad, eso sí, después de haber tenido seis hijos. Pero este carácter transgresor de sus progenitores no estaba reñido con la tradición. Los Hepburn aseguraban ser descendientes de James Hepburn, el IV Conde Bothwell, consorte de la reina Maria Estuardo de Escocia, y también de una de las familias que primero llegaron al continente americano procedentes de Europa: «Desciendo de una de las familias puritanas que llegaron al continente americano a bordo del *Mayflower* en 1620».

Katharine se convierte voluntariamente en marimacho

Katharine fue la segunda de un total de seis hermanos. Todos ellos se criaron en un ambiente refinado en el que se valoraba más el conocimiento que el dinero. Sus padres les enseñaron a ser personas cultas, críticas e independientes, y a labrarse un futuro por sí mismos: «En mi casa, en lugar de pasar las tardes jugando lánguidas partidas de bridge, leíamos en voz alta a Shakespeare o a Ibsen, o discutíamos sobre temas considerados poco ortodoxos, como por ejemplo el control de la natalidad».

Pero a pesar de ese ambiente culto y refinado, Katharine destacó desde muy pequeña por su carácter rebelde e inquieto. Se dedicaba a trepar a los árboles, se peleaba con los chicos del barrio y siempre estaba pensando en alguna travesura: «Un verano me corté el pelo a lo chico y pedí a todo el mundo que desde ese momento me llamaran Jimmy. Me daba igual que me llamaran marimacho».

Solía acompañar a su madre en sus campañas políticas. Se iba con ella y con otras sufragistas como Emmeline Pankhurst y Rebeca West, y se dedicaba a repartir globos de colores en los que podía leerse la frase «Voto para la mujer». Y era tan pertinaz que, casi siempre conseguía que lo aceptaran.

La desgracia que la hizo madurar de golpe

Corría el año 1921. Katharine y su querido hermano Tom estaban en casa de una amiga de su madre pasando unos días de vacaciones. Y entonces, al regresar a casa tras un paseo, Katharine se encontró de bruces con la tragedia. Tom se había colgado de una viga del desván enrollándose una sábana al cuello. Se repetía así una desgracia familiar que ya habían protagonizado antes su abuelo y un tío: «La vida es dura. Después de todo, te mata».

Uno de los principios básicos de los Hepburn era que había que encajar los golpes que te da la vida con la cabeza bien alta y sin mostrar debilidad. Pero el suicidio de Tom puso a prueba a toda la familia: «La primera vez que vi llorar a mi madre fue de camino al crematorio, tras la muerte de mi hermano Tom. Nunca la había visto llorar hasta entonces y nunca volví a verla. Era fuerte. No era el primer contratiempo serio que le tocaba vivir. Su padre se había suicidado y su madre había muerto a los 34 años a causa de un cáncer. Tuvo que afrontar la responsabilidad de cuidar de sus dos hermanas. Si lloraba lo hacía cuando estaba a solas. Mi padre no lloró ni siquiera ese día».

Katharine se quedó destrozada. Era muy joven y fue ella la que encontró el cuerpo colgado, la que tuvo que avisar a un médico y luego dar la horrible noticia al resto de la familia. Para que olvidara el incidente sus padres la enviaron a pasar una temporada a la residencia de verano que la familia poseía en Fenwick. Pero ella nunca se repuso del todo: «Para no perderle del todo empecé a celebrar mi cumpleaños el día de su cumpleaños». Regresó de su estancia en el campo más madura y con el carácter afilado y mordaz que más adelante haría estremecer los cimientos de Hollywood: «Se nos ha enseñado a culpar a nuestros padres, hermanos y profesores, pero nunca a nosotros mismos. Nunca es culpa de uno mismo, pero lo cierto es que siempre lo es, porque si quieres cambiar eres tú quien tiene que hacerlo».

Katharine se inicia en el teatro

Katharine estudió en el Bryn Mawr College, un exclusivo colegio de Filadelfia en el que realizó estudios de arte dramático. Se incorporó a un grupo de teatro universitario con el que realizó sus primeros pinitos en el mundo de la interpretación. Fue a raíz de esta experiencia que empezó a rondarle por la cabeza la idea de dedicarse al teatro profesionalmente: «Cuando empecé no tenía ningún deseo de ser actriz ni de aprender a actuar. Yo sólo quería ser famosa». Así que en junio de 1928, recién graduada, se fue a Baltimore y consiguió una entrevista con Edwin H. Knoff, el director de una compañía de teatro que estaba ensayando La Zarina. Consiguió hablar con él y no dejó de insistir hasta que logró que le diera un pequeño papel en la obra: «Nunca te des por vencido. Crea tu propio camino». Pero el debut pasó sin pena ni gloria. De hecho, algún crítico le reprochó su voz chillona y su aspecto cadavérico.

Ella seguía sin darle demasiada importancia a lo que hacía: «Para actuar no es necesario tener un gran talento. Jamás te darán el Nobel por ello y no olvides que Shirley Temple lo hacía perfectamente con tan solo cuatro años». Sin embargo, volvió a intentarlo presentándose al casting de *The Big Pound,* pero llegó tarde, confundió el texto, tartamudeó y se cayó de bruces. Por supuesto, no la cogieron.

Tras esta experiencia empezó a tomárselo más en serio. Logró ser admitida para estudiar dicción con Frances Robinson-Dune, toda una leyenda en el mundo del teatro, y consiguió un papel en *La muerte en vacaciones,* que se estrenó en el Teatro Nacional de Washington. Su trabajo fue premiado con cierto reconocimiento de la crítica, lo que le permitió conseguir algunas suplencias y papeles menores en Nueva York.

La joven Katharine se casa

En 1928, Katharine se casó con Ludlow Ogden Smith, su novio de la universidad: «Conservé mi nombre de soltera porque me parecía muy vulgar llamarme señora Smith». Era un buen chico, pero su matrimonio no podía durar, básicamente porque ella en realidad no creía en esa institución: «Si deseas sacrificar la admiración de muchos hombres por las críticas de uno solo, contrae matrimonio». Tras cinco años se separaron de mutuo acuerdo. De hecho siguieron siendo buenos amigos y él la ayudó económicamente al inicio de su carrera: «Le estuve eternamente agradecida por ello. Nunca lo olvidé». Ludlow la apreciaba de verdad y fue el primero que creyó en ella: «Probablemente fue él quien allanó el camino para la ruptura al decirme que con mi talento podría conseguir lo que me propusiera». Esta fue la única vez que Katharine se casó. Era un espíritu demasiado libre e independiente como para atarse a una vida tradicional y ejercer de esposa solícita y de madre: «Ser madre y ama de casa es el trabajo más grande del mundo, pero si no te interesa, no lo hagas. Yo habría sido una madre terrible, porque básicamente soy un ser humano muy egoísta».

Por fin se le presenta una oportunidad

Katharine tuvo que esperar hasta el año 1932 para que su carrera profesional empezara a encauzarse. Un cazatalentos del mundo del celuloide la vio actuar en la obra *A warrior's husband*, y la recomendó para que le hicieran una prueba. Por aquel entonces, David Selznick y George Cukor estaban buscando una cara nueva y fresca para la película *Doble sacrificio*. Tanto a Cukor como a la RKO les gustó mucho lo que vieron y la reclutaron para Hollywood. Así pues, Katharine se subió a un tren con su amiga Laura Harding y puso rumbo a California. Por el camino se le irritaron enormemente los ojos a causa de una virutas de acero que entraron por la ventanilla, así que a la mañana siguiente, ni corta ni perezosa, se presentó en los estudios de la RKO para hacer las pruebas definitivas con un parche en el ojo. Eso, sin embargo, no constituyó ningún hándicap. Gustó tanto que incluso se permitió el lujo de exigir un buen sueldo: «En el teatro estaba ganando 100 dólares a la semana, pero al ver que estaban interesados decidí exigir un salario de 1.500 dólares semanales. Firmé por tres semanas y al final acabé haciendo diez películas con George Cukor».

En efecto, su éxito fue inmediato y en muy poco tiempo rodó otras películas, como *Hacia las alturas*, *Mujercitas* y *Mística y rebelde*. O la célebre *Gloria de un día*, gracias a la cual ganó su primera estatuilla de oro. Tenía tan solo 26 años.

Por esa época tuvo un romance con Leland Howard, que era su representante. Éste llegó a proponerle pasar por la vicaría, pero ella tenía otros planes: «Quería ser la única dueña de mi vida, así que le abandoné».

El secreto de su éxito

Katharine tenía una lengua viperina y jamás se comportó como se suponía debía comportarse una estrella de Hollywood. En las entrevistas, nunca contestaba preguntas sobre su vida personal: «Nunca des explicaciones». Y si un periodista lo hacía, se arriesgaba a obtener un desplante o alguna impertinencia: «Sí, tengo cinco hijos: dos blancos y tres negros», o: «¿Qué si tengo algún vestido en mi armario? Pues sí, uno, el que usaré en tu funeral». Pero a pesar de eso, o quizás precisamente por eso, se convirtió en un icono: «Nunca pienso en mí como un icono. Eso está en la mente de la gente, no en la mía. Yo me limito a hacer mi trabajo».

El secreto de su éxito tuvo que ver, sin duda, con el hecho de que supo convertirse en el paradigma de la mujer contemporánea. Estableció un nuevo canon de belleza con sus rasgos angulosos y su extrema delgadez, porque a pesar de su aspecto hombruno, derrochaba feminidad: «No soy hermosa. Mi madre una vez me llamó patito feo. Pero dejando eso de lado, creo que tengo algunos puntos buenos». Y su mirada desafiante y rebelde puso fin a la languidez femenina que había imperado hasta entonces: «Si siempre haces lo que te interesa, siempre habrá al menos una persona que se sienta satisfecha». A pesar de todo, ella intentó quedar fuera de la pompa de Hollywood y separar siempre su vida personal de la profesional: «Mi vida no tiene nada que ver con las teorías y las fórmulas. Es puro instinto y sentido común. Mi mayor fortaleza es el sentido común. Y la disciplina. Sin disciplina, no hay vida en absoluto».

Katharine conoce a Howard Hughes

En 1935, durante el rodaje de *La gran aventura de Silvia*, Cary Grant le presentó a un excéntrico millonario llamado Howard Hughes, que la conquistó en seguida con sus piruetas de aviador lunático: «Nuestra relación estuvo cargada de electricidad sexual. No teníamos inhibiciones y eso nos desató la pasión». Compartían la fascinación por la aviación: «Con él aprendí a pilotar un avión y pude emular a mi idolatrada Amelia Earhart». Su historia de amor ocupaba las portadas de los periódicos y las revistas: «Aterrizábamos y si podíamos, localizábamos un lugar apartado donde pudiésemos nadar desnudos. Creo que formábamos una pareja atractiva, tanto desnudos como con la ropa puesta». Howard le pidió que se convirtiera en su esposa, pero Katharine seguía sin creer en el matrimonio: «No creo en el matrimonio. Lo de amar, honrar y obedecer me parece muy poco práctico. Si lo fuera, no haría falta firmar un contrato». Además, sabía que era un hombre obsesivo compulsivo y que eso, a la larga, podía costarle muy caro: «Howard era brillante, atlético, osado y un amante maravilloso. Pero le gustaba demasiado poner en riesgo su vida». Cuando la pareja rompió, la opinión pública sufrió una gran decepción. Con el tiempo, la propia Katharine tuvo sus dudas al respecto: «Al echar la vista atrás, no estoy segura de por qué no me casé con él. Le dije que no la primera vez sin pensarlo e imagino que acabó convirtiéndose en eso, una costumbre».

Su devastadora relación con John Ford

En 1936, Katharine conoció a John Ford durante el rodaje de Maria Estuardo. Ambos se enamoraron, pero el famoso director era un hombre casado. Su mujer le humillaba constantemente y le amenazaba con quitarle la custodia de la hija que tenían en común: «Sólo la gente sencilla sabe qué es el amor. La gente complicada se esfuerza tanto en causar una buena impresión que en seguida agota su talento». La relación, que vivieron en estricto secreto, estuvo condenada al fracaso desde el principio ya que él nunca consiguió reunir el valor suficiente para divorciarse y prefirió darse a la bebida: «A veces me pregunto si los hombres y las mujeres están hechos realmente los unos para los otros. Tal vez deberían limitarse a ser vecinos y visitarse de vez en cuando».

Su carrera sufre un parón

Katharine se encontraba en la cúspide de su carrera, pero entonces, y contra todo pronóstico, su éxito empezó a declinar. Hizo algunas películas que no funcionaron en la taquilla y se empezó a decir que película en la que participaba, película que era un fracaso. Ella, sin embargo, no temía a sus detractores: «Los enemigos resultan estimulantes». Y lo aceptó sin más: «Me parece demasiado esperar que siga mi éxito. No pido eso. Simplemente seguiré esforzándome al máximo».

Entonces, decidió regresar a Broadway, donde representó la obra *Historias de Filadelfia* durante más de 400 funciones. Al ver lo bien que funcionaba la obra, se le ocurrió un plan para regresar a la gran pantalla por todo lo alto. Con la ayuda de Howard, que puso buena parte del dinero, compró la cancelación de su contrato con la RKO y adquirió los derechos cinematográficos de *Historias de Filadelfia* para asegurarse que sería ella la actriz elegida para el papel protagonista. Consiguió que la contratara la Metro-Goldwyn-Mayer y tiró adelante el proyecto. Tal y como pensaba, gracias a la adaptación de la cinta consiguió recuperar todo su prestigio, un prestigio que ya no volvió a perder jamás.

Katharine conoce a Spencer Tracy

En 1942, Katharine conoció a Spencer Tracy en el rodaje de *La mujer del año*. La primera vez que se vieron, ella le dijo: «Me parece, señor Tracy, que es usted demasiado bajito para mí». Pero lo cierto es que en seguida se sintieron atraídos el uno por el otro. Y Katharine volvió a tropezar con la misma piedra y esta vez a lo grande. Entre ambos se estableció una química que el público captó de inmediato y los directores explotaron al máximo. Hicieron nueve películas juntos y sus magistrales duelos interpretativos han quedado en la historia del cine como ejemplos de perfecta compenetración artística. Pero Spencer era esclavo de sus creencias religiosas: «Era básico, como una patata asada». Tenía un hijo sordomudo y su mujer le chantajeaba con él para que abandonara a Katharine. A pesar de todo, ella siguió adelante con la relación: «El amor no tiene nada que ver con lo que esperas conseguir; tiene que ver con lo que esperas dar, que es todo». Se veían a escondidas y a pesar de que nunca demostraron su afecto en público, lo cierto es que ella se convirtió en su amante, su enfermera, su agente e incluso su confidente. Intentó apartarlo del alcohol y si le daba un ataque, dormía junto a su puerta para asegurarse de que no le ocurría nada malo: «Yo misma nunca entendí mi amor por Spencer. Sólo sé que no podía vivir sin él. Pero lo cierto es que nunca me dijo que me quería, y si lo dijo no lo recuerdo».

Katharine sigue trabajando

Así pues, Katharine se entregó a él en cuerpo y alma, pero eso no significa que se autoanulara como persona. Siguió haciendo cine y teatro, y luchó junto a sus amigos Humphrey Bogart y Lauren Bacall contra la caza de brujas del senador McCarthy. Su discurso frente a 30.000 personas para denunciar los abusos del Comité de Actividades Antiamericanas tuvo una gran repercusión en la época.

Es cierto que durante los años cincuenta y sesenta disminuyó bastante su ritmo de trabajo, pero siguió cosechando éxitos. De hecho consiguió otras dos estatuillas de oro, que como ocurrió en el caso de la primera, tampoco fue a recoger: «Los premios para mí no representan nada. Mi verdadero premio es el trabajo». De hecho, sólo acudió a la ceremonia de entrega de los Óscar una vez en toda su vida, y fue en 1974 para entregar un premio honorífico en memoria de Irving G. Thalberg a su amigo Lawrence Weingarten. Eso sí, acudió vestida con un pijama, como ella misma dijo, «en protesta por la banalidad de los premios».

Y entonces sufrió otro duro revés. En 1967, pocas semanas después del estreno de *Adivina quién viene esta noche*, Spencer Tracy falleció y la dejó definitivamente sola: «Llamé a la viuda, pero por respeto a la familia no asistí al funeral ni visité la tumba del hombre con el que había mantenido una relación durante 27 años».

Su estrella empieza a apagarse

La muerte de Spencer fue un golpe muy duro para Katherine. Su tristeza y su avanzada edad hicieron que se fuera retirando del mundo del cine, pero no perdió su sentido del humor cínico y mordaz: «Cuando más se envejece, más se parece la tarta de cumpleaños a un desfile de antorchas». En 1981 protagonizó *En el estanque dorado* y obtuvo su cuarto Óscar. Nadie jamás había obtenido tantas estatuillas.

En 1994, cumplidos ya los ochenta años, se despidió definitivamente del mundo del celuloide y se retiró a su casa de campo en Old Saybrook, Connecticut, donde vivió acompañada de amigos y familiares hasta el final de sus días: «No lamento nada de lo que he hecho. Lo disfruté al máximo en cada momento». Esta luchadora inquebrantable, adicta al cine, a la risa, al romanticismo y a la inteligencia, todavía tuvo tiempo de luchar contra un cáncer de piel, contra un doloroso Parkinson y contra un tumor en el cuello. Y de ser proclamada en 1999 la mayor estrella femenina en la historia de Hollywood por el American Film Institute. En los últimos años de su vida aseguraba que no tenía miedo a la muerte: «No tengo miedo a la muerte. Debe ser como un sueño muy largo. Y además, ¡no hay entrevistas!». Había cumplido los 96 cuando ésta llamó finalmente a su puerta. Fue el 29 de junio de 2003. Esa noche las luces de todos los teatros de Broadway se apagaron durante una hora en su honor: «Siempre quise ser una actriz de cine. Pensaba que era algo muy romántico. Y lo fue». Cómo dijo el célebre Frank Capra en una ocasión: «Hay mujeres y además está Kate. Hay actrices, y además está Hepburn».

Mae West,

la niña mala de Hollywood

«Cuando soy buena, soy muy buena; pero cuando soy mala, soy mucho mejor.»

El 17 de agosto de 1893 nació en Brookyn, Nueva York, Mary Jane West, la segunda hija de John Patrick West, un boxeador conocido en el mundillo como «Jack el camorrista» que cuando colgó los guantes puso una agencia de investigador privado, y de Matilda Tillie Doelger, que había emigrado con su familia desde Baviera a los Estados Unidos en 1886 y que trabajaba como modelo de corsetería.

Tenía tan solo cinco años cuando participó en una representación teatral en la iglesia donde solía acudir con su familia. A la pequeña Mary Jane la experiencia le encantó. Su madre vio en seguida que tenía talento y, sobre todo, muchas ganas de destacar, de modo que decidió encauzar sus pasos hacia el mundo del espectáculo. En realidad, fue la única de la familia que la apoyó incondicionalmente para que siguiera adelante con su incipiente carrera artística. Consiguió que recibiera clases de canto y baile con Ned Wayburn, uno de los coreógrafos más famosos de principios de siglo XX. A los siete años Mary Jane ya participaba en espectáculos para aficionados y también ganó varios concursos de cazatalentos.

Empieza muy joven su carrera de actriz

Tenía solo 14 años cuando debutó en la escena teatral con una compañía profesional, la Hal Clarendon Stock Company. Entre bambalinas se sentía feliz, así que siempre tuvo claro a qué iba a dedicarse: «Cuando actúo me siento como cuando me abraza un hombre fuerte o como cuando llevo un abrigo de armiño». A pesar de su juventud dio claras muestras ya de querer convertirse en una mujer fatal. De hecho en esa época empezó a ser conocida como The Baby Vamp (la pequeña vampiresa): «Me gusta que la ropa me quede lo suficientemente ceñida como para mostrar que soy una mujer». Cuatro años más tarde, en 1911, pudo por fin hacer realidad su sueño y debutar en Broadway. Y lo hizo con *A la Broadway*. Lo cierto es que la obra no tuvo demasiado éxito, pero los críticos se fijaron en ella y salió mencionada en la prestigiosa *The New York Times* ya como Mae West: «Uno más uno son dos, dos más dos son cuatro, y cinco más son diez si sabes montártelo». Tendrían que pasar todavía unos cuantos años para que triunfara, pero ella siguió avanzando poco a poco por el camino que había escogido: «El que duda es un maldito idiota. Además, una línea recta es el camino más corto entre dos puntos, pero no el más atractivo».

Sus extrañas relaciones con los hombres

Parece ser que en abril de 1911, cumplidos los 18 años, se casó con Frank Wallace en Milwaukee, Wisconsin. Era un compañero suyo de vodevil. Hasta aquí todo podría parecer normal, pero la cuestión es que Mae mantuvo siempre en secreto el hecho que estaba casada: «Estoy soltera porque nací así», solía decir. De hecho, todo apunta a que nunca vivieron juntos como marido y mujer, o que si lo hicieron fue durante unas pocas semanas: «En el amor una mujer no puede ser razonable, de lo contrario no estaría enamorada». La cuestión es que en 1935 un periodista lo descubrió y lo hizo público. Fue todo un notición, porque para entonces Mae ya era muy conocida y todo el mundo sabía lo que opinaba del matrimonio: «El matrimonio es una gran institución, solo que yo no estoy preparada para las instituciones. Para qué hacer sufrir a un hombre casándote con él cuando puedes hacer felices a muchos? ¿Para qué te vas a casar con un jugador pudiendo tener a todo el equipo?». En un primer momento, Mae negó que estuviera casada, pero al fin, en 1937, acabó admitiéndolo. Consiguió el divorcio legal el 21 de julio de 1942 y el decreto final de divorcio el 7 de mayo de 1943.

En 1913 conoció a Pietro Deiro, un artista de origen italiano con quien parece también tuvo un romance, pero lo cierto es que tampoco hay muchos datos sobre esta relación. Todo apunta a que Mae se quedó embarazada de él y que sufrió un aborto, a resultas del cual estuvo muy enferma durante una temporada y ya no pudo tener hijos. De todos modos, no parece que eso representara un problema para ella: «Si quisiera una familia ya me habría comprado un perro». En cualquier caso, ella jamás habló de ello, ni siquiera en sus memorias. La relación entre ambos acabó en 1916: «No soy famosa por los hombres con los que me exhibo, sino por los que oculto».

Luego conoció a James Timothy, un abogado 15 años mayor que ella que acabó convirtiéndose en su amante y también en su manager. Y además, se le atribuyeron aventuras con otros muchos. Si alguien le hubiera preguntado si el problema era que no había encontrado nunca un hombre que la hiciera feliz, seguro que habría respondido: «Sí, muchas veces». De hecho, se pasaba la vida flirteando con el sexo contrario y se le atribuyeron aventuras con muchos otros: «He estado encima de más rodillas que una servilleta. Y eso a pesar de que sólo me gustan dos tipos de hombres: los nacionales y los importados». Seguro que si pudiéramos oírla nos aconsejaría: «Lo suyo es reservar un amante para los días lluviosos y otro por si no llueve». Y luego, con un suspiro, sentenciaría: «Tantos hombres y tan poco tiempo»

Por fin le sonríe el éxito

Mae tenía ya 33 años, una edad bastante avanzada para una actriz, cuando por fin consiguió brillar con luz propia en Broadway, algo que tampoco debe extrañarnos demasiado tratándose de alguien como ella capaz de reinventarse sin problemas: «Nunca eres demasiado vieja para hacerte más joven». Fue con la obra *Sex*, que ella misma había escrito y que produjo, dirigió y protagonizó. Y eso a pesar de que no había estudiado para ello: «Sólo conocía un par de reglas sobre cómo escribir una obra de teatro: escribe sobre aquello que conozcas y haz que suene entretenido». En ella logró encandilar al público no sólo gracias a los sugerentes escotes que llevaba, si no sobre todo por la brillantez de los diálogos: «Yo domino dos idiomas: el inglés y el corporal». Pero que una mujer hermosa y sensual hablara con sentido del humor y con mucha ironía de un tema tabú como el sexo era algo muy poco convencional. Sobre todo diciendo cosas como: «¿Llevas una pistola en el bolsillo o es que te alegras de verme?» o «El sexo es como una partida de póquer. Si no tienes una buena pareja, más vale que tengas una buena mano» o «Puede que el sexo sea pecado, pero sabe divino. Además, tener un orgasmo al día mantiene al médico alejado» o «Tuve mi primer orgasmo mientras dormía. Soñé que un enorme oso peludo entraba en mi dormitorio y luego me penetraba». Como era de esperar, los críticos pusieron el grito en el cielo, pero lo cierto es que la sala estaba llena todas las noches: «La virtud tiene su recompensa, pero no aumenta las ventas en taquilla. Además, es muy difícil ser divertida si tienes que ser buena». La obra fue prohibida por obscena y ella arrestada junto al resto de la compañía. El 19 de abril de 1927 la condenaron a 10 días de cárcel «por corromper la moral de la juventud». Se le ofreció la posibilidad de cambiar la condena por 10 días de trabajos para la comunidad y una multa de quinientos dólares. Ella tenía el dinero, pero prefirió ir a la cárcel: «Quería vivir esa experiencia, porque era totalmente nueva. Lo intento todo una vez, si me gusta, dos, y tres para estar segura». A los ocho días fue puesta en libertad por buena conducta: «Disfruté de la sala del tribunal como de cualquier otro escenario, pero no era tan divertido como Broadway». Cuanto más hablaban de ella los medios de comunicación, más aumentaba su fama en toda la nación: «Cuando las mujeres van por el mal camino, los hombres van tras ellas. Aquellos que se escandalizan con facilidad deberían ser escandalizados con más frecuencia». Está claro que al condenarla le hicieron un flaco favor. Había nacido una estrella. Y como ella solía decir: «Es mejor ser examinada que ignorada».

Mae sigue adelante con su carrera

La siguiente obra que escribió fue *Drag*, que abordaba otro tema tabú, la homosexualidad. Según su autora, era «una comedia-drama de la vida». En esta ocasión la obra fue directamente censurada y ni siquiera pudo llegar a estrenarse. Pero eso no la amedrentó: «No hay pecado si quiebras algunas leyes de vez en cuando, siempre que no rompas del todo ninguna». Y en 1928 estrenó *Diamond Lil*, que fue un gran éxito comercial. Seguía escandalizando con frases como: «El sexo con amor es lo más grande de esta vida. Pero el sexo sin amor tampoco está nada mal», o: «Cada vez que no tengo nada que hacer y mucho tiempo para hacerlo, acabamos en la cama». Pero lo cierto es que el éxito de *Diamond Lil* le brindó la oportunidad de debutar en el mundo del celuloide. La Paramount le ofreció un contrato y ella se marchó a Hollywood dispuesta a saborear el éxito: «Lo bueno en exceso puede ser maravilloso». Nada más llegar, dejó claras sus intenciones: «No soy una niña pequeña de una ciudad pequeña que viene a triunfar en una gran ciudad. Soy una niña grande de una ciudad grande que viene a triunfar en una ciudad pequeña». La primera película en la que participó fue *Noche tras noche,* donde interpretaba a la dueña de un local que se dedicaba a la prostitución. Sus simpáticas apariciones estaban repletas de chispa y picardía gracias a que acabó reescribiendo ella misma los diálogos. En realidad, acabó prácticamente dirigiéndola: «Una dama que entiende de cuerdas es poco probable que acabe atada». La cinta se estrenó en 1932 y recaudó más de dos millones de dólares en apenas tres meses, gracias a lo cual la Paramount se salvó de la bancarrota.

A pesar de su carácter rebelde e independiente, Mae estuvo siempre muy unida a su familia. Su madre había muerto hacía un par de años, así que propuso a su padre, su hermano y su hermana que fueran a vivir a Hollywood, para estar cerca de ella. Les ayudó económicamente y les consiguió trabajo porque no quería tenerlos lejos.

Mae descubre a Cary Grant

Así pues, en la meca del cine Mae no era simplemente una actriz con glamour. Se convirtió en seguida en la escenógrafa y la guionista de sus películas. Además, solía escoger a sus compañeros de reparto, un privilegio que prácticamente no tenía nadie más: «Dame un hombre y una mano libre, y le haré danzar a mi alrededor». Un buen día, mientras paseaba por los estudios de la Paramount durante un descanso, se fijó en un muchacho y en seguida quiso saber quién era. Cuando le contaron que estaba rodando *Madame Butterfly*, ella respondió: «Por mí como si está rodando Blancanieves. Si sabe hablar, me lo quedo». Y así fue como un desconocido llamado Cary Grant se convirtió en su pareja para la película *She done him wrong* (que en España se tituló Lady Lou). Ella había cumplido los cuarenta y él tenía 28, pero funcionaban muy bien en la pantalla, hasta el punto que el largometraje llegó a ser nominado para los Óscar como mejor película. A partir de entonces fueron siempre muy buenos amigos. Ese mismo año también protagonizaron juntos *No soy ningún ángel*: «Les hace más gracia a las mujeres que a los hombres, porque muestra la imagen de la mujer triunfante, despiadada y sin escrúpulos frente a los pobres, tontos y torpes hombres».

Mae West se había convertido, pues, en una de las estrellas cinematográficas más populares de Hollywood: «No es lo que hago, sino como lo hago. No es lo que digo, sino como lo digo, y como miro cuando lo hago y lo digo». Y también en la actriz mejor pagada del momento: «He sido rica y he sido pobre. Créanme, ser rica es mejor. Además, el amor puede con todo excepto con la pobreza, y con el dolor de muelas».

Mae se cansa de la censura

Realizó varios largometrajes más, como *Belle of the nineties* (1934), *Goin' to town* (1935), *Go west, Young man* (1936), *Klondike Annie* (1936) o *Every day's a holiday* (1937). Pero la actriz empezaba a estar cansada del código Hays, un código que había redactado el jesuita David Lords y que Hays había hecho suyo para acabar con los escándalos y devolver el buen nombre a los estudios de Hollywood: «No se producirá ninguna película que rebaje los principios morales de aquellos que la vean. Por consiguiente, nunca se debe dirigir la simpatía del público hacia el lado del crimen, el mal o el pecado», estipulaba. Ella se había burlado durante mucho tiempo de los censores y su estrechez de miras: «Claro que creo en la censura, después de todo he hecho una fortuna gracias a ella». Pero entonces su nombre apareció publicado en la prestigiosa revista *The Hollywood Reporter* junto con el de otros actores y actrices considerados moralmente perniciosos, donde eran calificados de «Veneno para la taquilla». Seguro que pensando en Hays se le ocurrió alguna de sus frases ingeniosas, como: «Su madre debería haberle tirado a la basura y haberse quedado con la cigüeña». En cualquier caso, decidió que era un buen momento para volver al mundo de las bambalinas, donde todo resultaba mucho más sencillo y donde reinaba un ambiente más liberal: «Lo dejé cuando el Código Hays se convirtió en algo insoportable incluso para mí».

Su impacto en la sociedad

Mae West, la maestra del doble sentido, de la ironía y del ingenio, tuvo un gran impacto en la cultura popular del momento. Así, por ejemplo, sus curvas imposibles sirvieron de fuente de inspiración para el personaje animado de Betty Boop. Asimismo, durante la II Guerra Mundial los pilotos de la RAF bautizaron los chalecos salvavidas que llevaban, un modelo que se hinchaba manualmente, con el nombre de la actriz en honor a sus pechos generosos. Salvador Dalí, por su parte, la inmortalizó en el cuadro *Retrato de Mae West que puede utilizarse como apartamento surrealista*, convirtiendo su rostro en uno de los iconos más indelebles de la historia del arte. Y también apareció en la portada del mítico álbum de los Beatles *Sergeant Pepper's Lonely Hearts Club Band*, por poner solo unos cuantos ejemplos: «Soy mujer de pocas palabras y mucha acción».

Mae sigue en el mundo del espectáculo

A pesar del código Hays y de las críticas procedentes de los sectores más puritanos, Mae siguió fiel a sus principios: «En ocasiones tengo la tentación de ser una dama... menos mal que se me pasa rápido. A menudo me dicen que no soy una dama modelo; pues claro, les contesto, un modelo no es más que una imitación de algo». Con los años acabó montando un vistoso show en Las Vegas, donde lucía un vestuario de lo más exuberante y sensual que realzaba la excelente figura que conservaba a pesar de los años: «Entiendo que a otras chicas les gusten los vestidos largos. Tapan muchos defectos». Junto a ella aparecían ocho culturistas casi desnudos. En 1954 empezó a salir con uno de ellos, Chester Rybinski, un chico 30 años más joven que ella que había sido Mister California y marino mercante: «Es un buen chico. Aunque hay otros cuarenta dispuestos a ocupar su lugar». La cuidó y estuvo con ella hasta el final de sus días. Y eso a pesar de que ella pensaba que ya no quedaban caballeros: «Ya no quedan caballeros como los de antes. Hoy en día, si un hombre te abre la puerta, o es la de su dormitorio o es que se trata del portero».

En 1959 publicó su autobiografía, *Goodness Had Nothing to Do with it*, que se convirtió en un best seller: «He escrito mi biografía. Va sobre una chica que perdió su reputación y nunca la echó de menos».

Asimismo, también realizó diversos trabajos para la radio y la televisión británicas.

Sus últimas películas

Aprovechando que el código Hays ya no existía, y la corriente de liberación sexual que se estaba viviendo, Mae West regresó al cine y rodó otras dos películas. En 1970 *Myra Breckinridge,* que abordaba el tema de la transexualidad y en la que apareció junto a Raquel Welch y John Huston. Y en 1978 *Sextette,* junto a Toni Curtis.

En esa época sus películas de los años treinta se convirtieron en objeto de culto y ella acabó convertida en todo un referente para gays y feministas, y eso a pesar de que había afirmado en más de una ocasión: «Yo lucho por la liberación de la mujer, pero no soy una feminista». Más adelante, esta mujer adelantada a su tiempo llegaría a ser una especie de diva para las Drag Queens.

Tres años después de haber rodado su última película, encumbrada ya a lo más alto, concretamente el 22 de noviembre de 1980, Mae West falleció como consecuencia de haber sufrido varias embolias. Su cuerpo descansa en la cripta que su familia tenía en el cementerio de Brooklyn, cerca de los suyos tal y como ella quería. Aunque dado su carácter inquieto e irreverente, es posible que de vez en cuando salga a darse una vuelta. Porque como ella misma diría: «Las chicas buenas van al cielo; las malas, a todas partes».

Pocas mujeres han encarnado como ella a la mujer fatal llena de glamour y con un gran poder de seducción. Pero lo que la ha elevado a la categoría de mito no es eso, si no el valor que demostró siempre y que le permitió desafiar la falsa moral de la época y todos los convencionalismos sociales con dos armas que hasta entonces no se asociaban con las mujeres: la inteligencia y el sentido del humor. En una ocasión afirmó: «Solo se vive una vez, pero si lo haces bien, una vez puede ser suficiente». Estoy segura de que en su caso fue suficiente y de que no se dejó nada en la recámara.

Josephine Baker,

la perla negra que luchó contra el segregacionismo

«Debemos dejar de hablar de 'americanos blancos' y 'americanos de color'. Tenemos que ser capaces de una vez por todas de hablar únicamente de 'americanos'. Que todos los seres humanos sean iguales en la tierra como en el cielo.»

Josephine Baker, que en realidad fue bautizada como Freda Josephine Carson Mc Donald, nació el 3 de junio de 1906 en la localidad de St. Louis, en Missouri, en el seno de una familia muy humilde. Su padre se llamaba Eddie Carson y tocaba la batería en una compañía de vodevil y su madre, Carrie McDonald, trabajaba de lavandera. Josephine era todavía muy pequeña cuando su padre decidió que la vida de casado no estaba hecha para él y se marchó de casa. Su madre, todavía muy joven, volvió a casarse al poco tiempo con Arthur Martin, un hombre sin recursos económicos que se pasó la mayor parte de su vida desempleado y con el que tuvo otros tres hijos.

Josephine deja la escuela y empieza a bailar

Así las cosas, Josephine apenas pudo ir a la escuela y tuvo que ponerse a trabajar desde muy jovencita para llevar dinero a casa. A pesar de que no pudo recibir una buena formación, o quizás precisamente por ello, con los años llegaría a afirmar: «Uno debe recibir una buena educación, debe ir a la escuela y debe aprender a protegerse. Pero debe aprender a protegerse con el bolígrafo y no con una pistola». Trabajaba limpiando las casas de familias adineradas y de etnia blanca: «Me decían que no debía tocar a sus hermosos retoños sonrosados con mis sucias manos negras». Y es que en esa época, en St Louis y en todo el sur de los Estados Unidos, reinaba un ambiente extremadamente racista: «El odio que hay en St. Louis por la gente de color siempre me ha producido una gran tristeza. Fui testigo del horror que provocaron los disturbios raciales que tuvieron lugar en el este de St. Louis. Yo era una niña cuando quemaron nuestra casa y recuerdo que sentí un miedo horrible. Salí corriendo despavorida».

La pequeña Josephine creció pues muy deprisa. Quizás por eso se casó por primera vez con tan solo trece años con un muchacho llamado Willie Wells. Sin embargo, se trató de un matrimonio muy breve. Josephine no dependió nunca económicamente de los hombres, ni siquiera siendo tan joven. Por eso en cuanto la relación se deterioró, no dudó en ponerle fin y seguir adelante con su vida. Era algo muy poco usual en la época y que presagiaba ya que esta chica de origen humilde, a pesar de ser negra y de la época que le había tocado vivir, estaba dispuesta a coger las riendas de su propia vida y a convertirse en su verdadera protagonista.

Así pues, con tan solo 14 años y separada ya de su primer marido ganó su primer concurso de baile y a los 15 comenzó a trabajar como bailarina profesional, con The Jones Family Band primero y con The Dixie Steppers después. En 1921 volvió a casarse, esta vez con un guitarrista de blues americano llamado Willie Baker. Tampoco tardaron en separarse. Josephine, no obstante, decidió conservar su apellido de casada y se convirtió en Josephine Baker. Para ganarse la vida bailaba en el teatro Estándar donde le pagaban 10 dólares a la semana. Pero ella aspiraba a volar más alto, quería destacar, de modo que decidió probar suerte en Nueva York.

Josephine consigue colarse en Broadway

En 1923, recién llegada a Nueva York, se fue al Music Hall de la calle 63 y le pidió un papel al director que estaba preparando el musical *Shuffle Along*. Éste la rechazó: «Me dijo que estaba demasiado flaca y que mi piel era demasiado oscura». Pero ella no se achantó. Mientras trabajaba como ayudante de camerino, todo lo que había conseguido obtener de su entrevista, se aprendió todas las coreografías y las letras del coro. De ese modo se convirtió en la substituta perfecta y en cuanto una de las chicas faltó, consiguió por fin su objetivo. Pero ella no estaba hecha para ser una más de coro y pasar desapercibida, así que se hizo notar en seguida haciéndose la patosa y dándole un toque de comedia a su interpretación: «Yo no tengo talento, pero tengo carisma». La primera reacción del director fue echarla, pero en seguida advirtió que al público le gustaba, y mucho. Como ella misma diría: «A veces me sorprendo hasta a mí misma».

Posteriormente actuó en el mítico Cotton Club de Nueva York y más adelante entró en el Plantation Club. Allí conoció a Caroline Dudley Reagan y a su marido Donald J. Reagan, que era el agregado de la embajada americana en París. Éste quedó fascinado con la joven y, convencido de que triunfaría en París, le ofreció un sueldo de 250 dólares a la semana y un espectáculo propio si se marchaba con ellos a la ciudad del amor. Josephine no lo dudó: «Quería alejarme de aquellos que creían en la crueldad, así que me fui a Francia, el país de la libertad, la democracia, la igualdad y la fraternidad. Dejé América porque no podía vivir en un lugar donde tenía miedo de ser negra».

Josephine triunfa en París

Josephine llegó a París en 1925 tras un largo viaje en barco y debutó el 2 de octubre con el espectáculo de jazz *La Revue Negre*. Su belleza singular, fruto seguramente de la mezcla genética de sus ancestros, mitad afroamericana y mitad de los indios Apalaches, junto a su exótica forma de bailar, su sexualidad desinhibida y su vestimenta mínima sorprendieron y fascinaron a partes iguales al público francés: «No iba desnuda. Llevaba una falda hecha con plumas rosas. Y también llevaba plumas en los tobillos». Debemos recordar que París vivía los felices años veinte y que le fascinaba todo aquello que pudiera tildarse de exótico o innovador. Así que no es de extrañar que Josephine causara sensación: «Yo improvisaba, enloquecida por la música. Mi estado febril hacía que me ardieran hasta los dientes y los ojos. Cada vez que saltaba me parecía tocar el cielo y cuando volvía a poner los pies en el suelo, me parecía que era sólo mío». A los pocos meses se había convertido en la nueva vedette del mítico Folies Bergère de París y ya era considerada una gran estrella: «A veces salía al escenario acompañada de un leopardo y mi falda hecha con 16 plátanos fue muy aplaudida. También fui yo una de las culpables del éxito del charleston».

Aunque su triunfo inicial se debió en buena parte al exotismo y al atrevimiento, esta mujer inteligente supo utilizar dicha imagen para llevar su carrera artística por donde quería y poco a poco se fue ganando una sólida reputación entre la gente pudiente y culta de la sociedad parisina: «Un violinista tiene su violín, un pintor su paleta. Yo sólo me tenía a mí misma. Yo era el instrumento que debía cuidar». En 1927 se había convertido en la artista que más ganaba en Europa y rivalizaba con Gloria Swanson y Mary Pickford como la mujer más fotografiada. Y todo eso a pesar del color de su piel: «¿Yo hermosa? Creo que es todo cuestión de suerte. Nací con unas buenas piernas…No, no soy hermosa, pero sí divertida». En esa época participó también en varias películas. En 1927 intervino en *La Siréne des Tropiques* y en 1934 hizo *Zou-Zou*, gracias a la cual se convirtió en la primer mujer afroamericana que protagonizaba una película importante. Un año más tarde rodó *La princesa Tam-Tam*. A principios de los años treinta, esta mujer polifacética y ambiciosa, grabó sus primeros discos con su voz única: «Mi voz suena como una campana rajada con el badajo acolchado».

Estados Unidos, la asignatura pendiente de Josephine

A pesar de que en Europa era una celebridad, a pesar de que ganaba mucho dinero, en los Estados Unidos seguían despreciándola y criticándola a causa del color de su piel. En 1936 regresó a América para actuar en el Ziegfield Follies con Bop Hope y Fanny Brice, pero la obra resultó un fiasco porque el público seguía sin poder aceptar que una mujer negra triunfara y mucho menos que fuera tan poderosa: «Me reprochaban incluso que hablara en francés y que cuando lo hacía en inglés, que lo hiciera con acento». De hecho, varios hoteles y restaurantes le prohibieron la entrada en sus locales: «Había estado en los palacios de muchos reyes y reinas y en las casas de muchos presidentes. Y en otros muchos sitios. Pero sin embargo no podía entrar en un hotel de América a tomarme un café. Y eso me ponía enferma». Así pues, se marchó de América una vez más con el corazón roto: «Había huido de mi casa, había huido de St. Louis y luego de los Estados Unidos a causa de la terrible lacra de la discriminación, esa bestia horrible que le paraliza a uno el cuerpo y el alma. Cómo va a creer el mundo en América y cómo va a respetar la democracia que aquí se predica mientras tratáis a vuestros hermanos de color como lo hacéis».

Abatida, decepcionada, Josephine regresó a su querida Francia: «Debo confesarles, damas y caballeros, que en Francia, el país que me acogió, nunca tuve miedo. Para mí siempre fue como un país de ensueño». Allí, además de triunfar, se sintió siempre como en casa: «Me gustan muchos los franceses, porque incluso cuando te insultan lo hacen con mucha gracia». De modo que era natural que como tercer marido escogiera un ciudadano francés. Se casó con Jean Lion, un magnate del azúcar, en 1937 y al hacerlo consiguió por fin la ansiada nacionalidad francesa.

Llega la guerra y no duda en convertirse en espía

Josephine siempre se había sentido en deuda con los franceses: «Todo lo que soy se lo debo a los franceses. Siempre estaré en deuda con ellos». De modo que cuando estalló la II Guerra Mundial tuvo claro que por fin podría saldar esa deuda. Era una mujer valiente y consecuente, así que no se lo pensó dos veces y ofreció sus servicios a la Resistencia francesa. En un primer momento, los responsables tuvieron miedo de que, al verse frente al peligro real pudiera venirse abajo. Pero ella se encargó de demostrar que podían confiar plenamente en ella. Escondió en el castillo donde vivía, que quedaba alejado de París, a varios miembros de la Resistencia, viajó a Lisboa con la excusa de ofrecer algunos conciertos y aprovechó para contactar con varios miembros de la Francia Libre, se encargó de pasar mensajes escritos con tinta invisible en las partituras de sus canciones, y aprovechó su fama para asistir a fiestas y reuniones diplomáticas e intentar conseguir información que luego pasaba a sus contactos de la Resistencia. En definitiva, se convirtió en una agente operativa, o sea, en una espía en toda regla.

Además colaboró como voluntaria con la Cruz Roja, actuó en diversas ocasiones para las tropas aliadas y fue subteniente auxiliar de la sección femenina de las Fuerzas Aéreas Francesas.

Por todo ello, una vez terminada la contienda, recibió la Medalla de la Resistencia, y más adelante la Legión de Honor de manos del presidente Charles de Gaulle, dos importantes condecoraciones con las que se reconoció su importante y arriesgada labor: «A Dios no le gusta la maldad y está claro que del odio no puede salir nada bueno. Amaos los unos a los otros como si fuerais hermanos».

Josephine vuelve a los escenarios

Tras la guerra, Josephine regresó a su actividad artística. Trabajó en el circuito de cabarets de París y viajó a Cuba. En 1947 se casó con un director de orquesta francés llamado Jo Bouillon: «Él era mi crema, y yo su café. Y cuando estábamos juntos, ocurría algo». Su vida seguía, pues, viento en popa, pero Josephine tenía desde hacía mucho una espinita clavada en el corazón. Hacía años había alumbrado un bebé que nació muerto y habían tenido que practicarle una histerectomía a resultas de la cual no pudo tener hijos. Y fue junto a Jo cuando por fin se atrevió a hacer realidad un sueño que venía madurando desde hacía tiempo. Adoptaron 12 niños de distintas etnias y religiones y se los llevaron a vivir a Les Milandes, una enorme propiedad que tenían en Francia, a las afueras de París: «Les bauticé como la tribu del Arco Iris. Quería demostrar con mis hijos que los niños de distintas etnias y religiones son capaces de vivir en paz como hermanos. Por eso cuando estamos en Les Milandes organizo tours, para que la gente pueda venir y comprobarlo en persona».

También le encantaban las mascotas, hasta el punto que llegó a reunir todo un zoológico: «Llegue a tener siete perros, tres gatos, varios peces, un periquito, una cabra, un loro, un cerdo al que llamaba Albert, una culebra llamada Kiki, una chimpancé llamada Ethel y una leopardo llamada Chiquita».

Sigue su lucha contra el segregacionismo

Durante los años cincuenta y sesenta se implicó cada vez más contra el segregacionismo que reinaba en los Estados Unidos: «Mi gente tiene un país propio al que ir si lo desea, África. Pero esta América les pertenece tanto como a cualquiera de raza blanca, en algunos aspectos incluso más, porque ha sido gracias al sudor de su frente y a la sangre que han derramado como esclavos que muchas partes de América han prosperado y son hoy conocidas por el resto del mundo».

En 1963 participó en la marcha a Washington que había organizado Martin Luther King a favor de los derechos civiles en los Estados Unidos: «Amigos, para mí St. Louis ha sido durante muchos años la ciudad del miedo, de la humillación, de la miseria y del terror. Una ciudad donde a los ojos de un hombre blanco, un negro debía saber cuál era su sitio y no moverse de él por su bien». También ofreció cuatro conciertos en el Carnegie Hall para recaudar fondos para el movimiento norteamericano por los derechos civiles. En 1968, tras la muerte del líder Martin Luther King, su esposa, Coretta Scott King, ofreció a Josephine convertirse en la líder no oficial del movimiento, pero ella rechazó la oferta. Sin embargo, siguió ofreciéndole su apoyo y su colaboración. Por eso acabó recibiendo el reconocimiento de la National Association for the Advancement of Colored People (NAACP), que declaró el día 20 de mayo como el día de Josephine Baker para honrar sus esfuerzos y el conjunto de su labor: «Americanos, el mundo entero tiene los ojos puestos en vosotros. Estoy convencida de que si juntásemos a unos cuantos blancos y a unos cuantos negros y les dejásemos tranquilos y a su aire, acabarían entendiéndose y, por tanto, amándose los unos a los otros. Los hombres pueden convivir en paz si lo desean de verdad y no son educados con prejuicios».

Sus últimos años acaba arruinada

Durante los últimos años de su vida Josephine solía andar escasa de dinero. Había gastado mucho dinero para cuidar de sus doce hijos y también había realizado generosas donaciones para causas como la de Martin Luther King. Afortunadamente, tenía algunos buenos amigos dispuestos a ayudarla, como por ejemplo Grace Kelly. A pesar de que se había retirado oficialmente del mundo del espectáculo, realizó varios conciertos todavía con fines benéficos y también para ganar algo de dinero para el día a día, por ejemplo el de 1968 en la sala Olympia de París.

En 1973 regresó una vez más a Nueva York para dar un concierto en el Carnegie Hall, al que asistieron numerosas personalidades, entre ellas su amiga Grace Kelly o Sofía Loren. Josephine estaba muy nerviosa porque temía la posible reacción de un público que siempre había sido muy duro con ella. Pero cuando salió al escenario, antes siquiera de abrir la boca, recibió una gran ovación de un público entregado y en pie. Fue tal la emoción que sintió después de tanto rechazo y sufrimiento que lo único que fue capaz de hacer durante un rato fue derramar unas cuantas lágrimas absolutamente sinceras: «Siempre estuve segura de que algún día la palabra 'negro' se usaría tan solo para describir el color de la piel, que la religión serviría únicamente para expresar lo que sentía el alma y que el lugar de nacimiento sería algo puramente anecdótico, porque todos los hombres nacerían libres y serían capaces de entenderse, y ese entendimiento engendraría amor y fraternidad. Creo que ese día está muy cerca». Tenía 66 años y volvió a encandilar una vez más con su voz fascinante y su regio porte.

Josephine todavía tuvo tiempo para un nuevo amor, Robert Brody. Se unió a él el mes de septiembre de 1973 durante un viaje a Acapulco. Se fueron juntos a una iglesia que estaba vacía e hicieron los votos matrimoniales. No les hizo falta más, ni cura ni testigos, para sellar su amor profundo y sincero, un amor que compartieron hasta el final de sus días.

Josephine muere con las botas puestas

A pesar de que en los últimos tiempos actuaba ya muy poco, lo cierto es que esta singular mujer siguió subiéndose al escenario prácticamente hasta el final de sus días. Así, el 8 de abril de 1975 actuó en el teatro Bobino de París. Dos días más tarde cayó en estado de coma y ya no volvió a despertar. Murió a las cinco de la madrugada del día 12 a causa de un derrame cerebral. Recibió un funeral católico en la iglesia de la Madeleine de París. Más de 20.000 personas se dieron cita en las calles de esta ciudad para rendir un último homenaje a esta mujer inigualable que se había ganado el cariño de todos. El propio gobierno francés la homenajeó con 21 salvas, gracias a lo cual se convirtió en la primera mujer americana que era despedida con honores militares en un funeral celebrado en suelo francés. Más tarde sus restos fueron trasladados y enterrados en el cementerio de Mónaco, donde había residido sus últimos años.

Como dijo el propio Picasso, Josephine Baker fue la Nefertiti de su tiempo. Al igual que ella, esta mujer tan vital y rompedora tuvo muchísimos admiradores. Algunos intentaron comprar su amor con diamantes o incluso con automóviles. Según dicen, llegó a recibir unas 1500 proposiciones de matrimonio. Pero ella vivió toda la vida como un ave libre e independiente, sin valorar demasiado las cosas materiales: «Uno siempre lleva consigo, en lo más profundo del corazón, aquello que realmente ama». Seguro que sigue recorriendo el universo con su música vibrante, sus bailes cautivadores y su amor a la gente buena y capaz de vivir en paz con los demás.

Emilia Pardo Bazán,

la primera escritora profesional

«Si en mi tarjeta pusiera Emilio, en lugar de Emilia, qué distinta habría sido mi vida.»

La Coruña, que a mediados del siglo XIX era considerada la ciudad más liberal de España, vio nacer a Emilia Pardo Bazán el 16 de septiembre de 1851. Fue la única hija de un matrimonio burgués y adinerado de origen nobiliario. Su padre, don José Pardo Bazán, era un hombre liberal y progresista que opinaba que las mujeres debían recibir una buena educación y tener los mismos derechos que los hombres. Por eso se encargó personalmente de que su hija recibiera una esmerada formación y le inculcó que debía luchar por la igualdad entre hombres y mujeres: «Mira, hija mía, los hombres somos muy egoístas, y si te dicen alguna vez que hay cosas que pueden hacer los hombres y las mujeres no, di que es mentira, porque no puede haber dos morales para dos sexos». De su madre, doña Amalia de la Rúa, heredó el carácter fuerte, abierto e independiente, y también el amor a la lectura, ya que fue ella la que le enseñó a leer desde muy pequeña: «Siempre había sido yo de esas niñas que leen todo lo que les cae por banda, hasta los papeles de envolver azucarillos; de esas niñas a quienes se les da un libro y se están quietecitas y sin hacer diabluras horas enteras». A la edad de nueve años Emilia se había convertido ya en una lectora voraz: «Cuando era pequeña, mis lecturas favoritas eran *La Biblia, El Quijote y La Illíada*». En su casa había una fantástica biblioteca que en seguida se convirtió en una de sus estancias favoritas: «Había libros, muchos libros que yo podía revolver, hojear, quitar y poner otra vez en el estante». Leyó, pues, desde muy temprana edad libros que habían sido escritos para un público adulto, muchos. Pero no se pasaba todo el día encerrada como un ratón de biblioteca. Su carácter inquieto, curioso y vital la llevaban asimismo a inventar juegos y a imaginar mil aventuras: «Mi juguete favorito era un caballo de cartón al que me subía imitando a los campesinos. Y también me gustaban mucho una fascinante locomotora y varias muñecas con tirabuzones». Además, se manifestaba a favor del ejercicio físico: «La educación física hace que la mujer aumente su estatura y vigor, y enriquezca su sangre».

Decepcionada, decide hacerse autodidacta

Durante los fríos meses invernales, la familia Pardo Bazán se trasladaba a Madrid y Emilia asistía al que era considerado entonces el mejor colegio francés laico de la capital. En seguida dio muestras de que ella no iba a ser como las demás chicas de su edad y pidió a su padre sustituir las clases de piano, obligadas para todas las señoritas de alta cuna como ella, por otras de latín, lengua que quería aprender y dominar para poder leer libros como *La Eneida* en su idioma original. Aún así, no tardó en cansarse de la mediocre educación que recibían las chicas, tan distinta a la de los chicos, y decidió hacerse autodidacta: «La educación de la mujer no puede llamarse tal educación, sino doma, pues se propone por fin la obediencia, la pasividad y la sumisión». Leía libros de filosofía y de poesía, novelas y cuentos, y cualquier novedad que saliera publicada relacionada con el campo de la medicina.

No era más que una adolescente cuando escribió sus primeros versos a escondidas, unos versos que más adelante rescataría y publicaría en el *Almanaque* de Soto Freire. Fueron sin duda las semillas incipientes de lo que con el tiempo se convertiría en la gran pasión de su vida: «Los sentimientos no los elegimos, se nos vienen, se crían como la maleza que nadie planta y que inunda la tierra. Y los sentimientos delátense a veces en puerilidades sin valor aparente, en realidad elocuentísimas, reveladoras de la verdad psicológica, como ciertos síntomas leves denuncian enfermedades mortales». Emilia contó siempre con el apoyo de sus progenitores, que favorecieron en todo momento su vocación literaria. Eso sin duda favoreció la confianza en sí misma que demostró luego a lo largo de toda su vida: «El espíritu del individuo puede vencer cualquier obstáculo material», afirmaría sin vacilar.

Emilia se casa muy joven

A pesar de su espíritu inquieto y libre, no dejaba de ser una joven dama de provincias que debía comportarse según unas convenciones sociales. Así que cuando sus padres le propusieron a un pretendiente de buena familia, ella decidió aceptar. La cosa funcionó y en 1868, con tan solo 16 años, Emilia se casó con aquel joven que estudiaba para ser abogado y se llamaba José Quiroga. La joven pareja se instaló en Santiago de Compostela para que él pudiera completar sus estudios de derecho: «Tres acontecimientos importantes en mi vida se siguieron muy de cerca: me vestí de largo, me casé y estalló la Revolución de septiembre de 1868».

Un año después, no obstante, su padre fue nombrado Diputado de Cortes y toda la familia, incluidos Emilia y José, se trasladó a Madrid. La capital de España acababa de vivir la Gloriosa Revolución del 68 y Emilia, una mujer observadora y con gran capacidad para asimilar los hechos y las novedades, pudo conocer de cerca todo lo que se estaba viviendo: «En la capital, en aquel momento, se contrastaban una vieja España impotente para triunfar con una nueva España incapaz del triunfo». La joven Emilia no se conformó con la vida social frívola a la que tenía acceso por su condición, sino que empezó a frecuentar las tertulias y círculos literarios, gracias a las cuales conoció a personajes que admiraba profundamente como José de Zorrilla, y también las reuniones del Parlamento, ya que quería escuchar en directo las opiniones de los políticos del momento. Pero no sólo se movía por las altas esferas y los ambientes culturales. También gustaba de pasearse por las calles de Madrid para embeberse de todo lo que ocurría: «¡La calle! ¡Espectáculo siempre variado y nuevo, siempre concurrido, siempre abierto y franco!».

En 1971 su familia decidió realizar un viaje a Francia, noticia que el espíritu inquieto y ávido de nuevos conocimientos de la joven recibió encantada. En 1872, mientras viajaban por Alemania, visitaron la Exposición Universal de Viena, y también estuvieron en Inglaterra. Emilia aprovechó esos dos años para aprender inglés y alemán, para leer a sus autores favoritos en su idioma original y para descubrir lo que se estaba cociendo en Europa: «Siempre me agradaron los escritos en que un autor da al público algo de su propia vida, un análisis irremplazable porque nadie puede ser tan íntimo de un autor como él mismo». A su vuelta a España, en 1973, conoció a Francisco Giner de los Ríos, que se convirtió en un gran amigo.

La familia crece y se asienta como escritora

En 1876 Emilia tuvo a su primer hijo, Jaime. Para expresar toda la felicidad que la embargaba decidió dedicarle un libro de poemas que tituló con su nombre, el único de poesía que escribiría a lo largo de su vida. Ese mismo año presentó a un certamen de ensayo un estudio sobre el padre Feijoo, un monje gallego del siglo XVIII que defendía en sus escritos los derechos de las mujeres. Tenía entonces 25 años y ganó, pasando por delante de la mismísima Concepción Arenal. En 1978 nació su primera hija, Blanca. Contra lo que pudiera esperarse, el hecho de ser madre de dos niños pequeños no supuso un obstáculo para su incipiente carrera como escritora, sino que más bien fue un incentivo que la volvió más prolífica. De hecho, en muchas de sus obras aparecen referencias a la maternidad y al amor que despiertan los niños en una madre. Así, en 1879 publicó su primera novela, *Pascual López*. Un año después, en 1880, contrajo hepatitis y pasó una temporada en el prestigioso balneario de Vichy para recuperarse, donde escribió su segunda novela, *Un viaje de novios*. Volviendo de Vichy pasó por París, donde conoció a Víctor Hugo. Y en 1881 tuvo a su segunda hija, a Carmen.

Emilia Pardo Bazán no se ocultó jamás tras un pseudónimo masculino como habían hecho otras escritoras, sino que firmó siempre con su nombre: «Siempre me he sentido muy orgullosa de mi nombre, así que no pienso renunciar a él ni tampoco cambiarlo incorporándole el de mi marido». Era algo tan inusual que hubo mucha gente, sobre todo muchos hombres, que dieron por sentado que en realidad se trataba de un escritor varón al que le gustaba provocar agenciándose un pseudónimo femenino. Pero está claro que se equivocaban. Esta mujer robusta y con un ojo estrábico confiaba demasiado en ella misma, y era lo suficientemente inteligente, como para no tener que esconderse tras ningún subterfugio.

Su matrimonio hace aguas

Cuando se casó con José Quiroga, Emilia era una mujer muy culta, pero no iba a la universidad como su marido, básicamente porque esa institución era todavía un feudo reservado a los hombres. A pesar de que él era el que estaba realizando estudios superiores y el representante del sexo fuerte, en la realidad ella le daba cien mil vueltas y demostraba tener muchas más inquietudes intelectuales y culturales. Eso les fue distanciando poco a poco y ella empezó a apoyarse cada vez más en algunos de sus amigos, como por ejemplo en Francisco Giner de los Ríos: «Encierra el tono de la voz humana misteriosos avisos, que en situaciones dadas revelan todo lo que oculta el alma antes que las palabras lo digan».

Pero entonces, en 1883, Emilia publicó *La cuestión palpitante*, que era una recopilación de todos los artículos y ensayos que había escrito sobre el movimiento conocido con el nombre de Naturalismo. Hablar sobre ese movimiento de forma directa y seria ya era todo un reto, pero que lo hiciera una mujer era una osadía demasiado grande. El libro y la persona de Emilia Pardo Bazán recibieron toda clase de críticas y recriminaciones. Su marido, harto de tanta polémica, o quizás presionado por los caballeros de su entorno, le pidió que dejara de escribir. Esa fue, sin duda, la gota que colmó el vaso, y la relación se rompió para siempre. Emilia optó por separarse de su esposo, eso sí, amistosamente y de forma discreta. Luego, demostrando una vez más mucho valor y osadía, cogió a sus hijos y se marchó a Madrid para dedicarse de lleno a su vocación literaria.

A pesar de su sexo, sigue cosechando éxitos

Una vez separada, pensó que era el momento ideal para poner en práctica lo que pensaba y decidió emanciparse, depender única y exclusivamente de su trabajo, una proeza que era toda una revolución en ese momento: «Me he propuesto vivir exclusivamente del trabajo literario, sin recibir nada de mis padres, puesto que si me emancipo en cierto modo de la tutela paterna, debo justificar mi emancipación no siendo en nada dependiente, y este propósito del todo varonil reclama mi fuerza y mi tranquilidad. Si pensase en ese dualismo mío interior no cumpliría mis compromisos editoriales porque dormiría mal, estaría rendida al día siguiente, y entonces adiós a la producción y adiós a las 15 cuartillas diarias». Para ello tuvo que trabajar muchas horas dando clases y conferencias, escribiendo artículos y publicando novelas y cuentos. Pero no le importó. De hecho fue siempre y ante todo una gran trabajadora. Durante la década de los ochenta escribió prácticamente una novela por año, además de un gran número de cuentos y de artículos periodísticos. En 1883 publicó *La Tribuna*, cuya protagonista, Amparo, es una mujer que trabaja y que sirve a la autora para denunciar la desigualdad entre sexos y las muchas injusticias a las que se veían sometidas las mujeres: «Para el español, por más liberal y avanzado que sea, no vacilo en decirlo, el ideal femenino no está en el porvenir, ni aún en el presente, sino en el pasado. La mujer se ahoga presa en las estrechas mallas de una red moral menuda, muy menuda. Para el español todo puede y debe transformarse, sólo la mujer ha de mantenerse inmutable». Su cuento titulado *El encaje* está considerado uno de los primeros textos modernos feministas de España.

Emilia fue sin duda una feminista singular que intentó romper barreras con su forma de vivir la vida y también con sus novelas. Quería encontrar caminos honrosos para que las mujeres pudieran ganarse la vida y rebelarse contra la opresión injusta del marido o del hombre que dirigiera su vida: «El movimiento feminista es la única conquista totalmente pacífica que lleva trazas de obtener la humanidad. El mejoramiento de la condición de la mujer ofrece estas dos notas que conviene no perder nunca de vista: a) Que no cuesta ni puede costar una gota de sangre. B) Que coincide estrictamente su incremento con la prosperidad y la grandeza de las naciones donde se desenvuelve. Ejemplo: el Japón, Rusia, Inglaterra, Suecia, Noruega, Dinamarca, Estados Unidos». Defendió el derecho a la libertad y a la educación para el pleno desarrollo de la mujer, pero sin caer en el victimismo, sino desde el sentido común: «En gran porción del territorio español, la mujer ayuda al hombre en las faenas del campo, porque la igualdad de los sexos, negada en el derecho escrito y en las esferas donde se vive sin trabajar, es un hecho ante la miseria del labrador, del jornalero o del colono. En mi país, Galicia, se ve a la mujer, encinta o criando, cavar la tierra, segar el maíz y el trigo, pisar el tojo, cortar la hierba para los bueyes (...) El pobre hogar de la miseria aldeana, escaso de pan y fuego, abierto a la intemperie y al agua y al frío, casi siempre está solo. A su dueña la emancipó una emancipadora eterna, sorda e inclemente: la necesidad». Creó un personaje literario, Gabriel Pardo, curiosamente un hombre, que aparecería en diversas de sus novelas y que sería el encargado de poner voz a muchas de sus ideas feministas. Emilia admiraba mucho a Stuart Mill, el filósofo feminista inglés, y prologó su obra.

Emilia publica su obra maestra

En la década de los ochenta Emilia Pardo Bazán conoció a Émile Zola y descubrió a los grandes novelistas rusos, tales como Dostoievski, Turgueniev y Tolstoi. Tomó del naturalismo aquello que mejor servía a su creatividad y escribió la que sería considerada su obra maestra: *Los pazos de Ulloa*, en 1886: « Uno de los deleites más sibaríticos para el feroz egoísmo humano, es ver —desde una pradería fresca, toda empapada en agua, toda salpicada de amarillos ranúnculos y delicadas gramíneas, a la sombra de un grupo de álamos y un seto de mimbrales, regalado el oído con el suave murmullo del cañaveral, el argentino cántico del riachuelo y las piadas ternezas que se cruzan entre jilgueros, pardales y mirlos— cómo vence la cuesta de la carretera próxima, a paso de tortuga, el armatoste de la diligencia. Hace el pensamiento un paralelo (...) entre aquella fastidiosa angostura y esta dulce libertad, aquellos malos olores y estas auras embalsamadas, aquel ambiente irrespirable y esta atmósfera clara y vibrante de átomos de sol, aquel impertinente contacto forzoso y esta soledad amable y reparadora, aquel desapacible estrépito de ruedas y cristales y estos gorjeos de aves y manso ruido de viento, y por último, aquel riesgo próximo y esta seguridad deliciosa en el seno de una naturaleza amiga, risueña y penetrada de bondad». La obra, una vez más, fue vilipendiada. Muchos de sus contemporáneos, sesudos académicos y hombres, se burlaron de ella de forma despiadada y la acusaron de esnobismo y afrancesamiento. Aseguraban que todo lo que saliera de su pluma no sería más que el resultado del servilismo, de su voluntad de estar a la última moda. Un crítico contemporáneo afirmó: «¿Cómo una buena madre de familia, esposa y dama honesta, puede ser naturalista? ¡Horror! Esta señora honorable, además, se complace en salpicar los escritos literarios de palabras de baja estofa y en exponer algunos pormenores de obstetricia en su novela más reciente». Ella no se dejó amedrentar y con su pluma vivaz le respondió: «¿Acaso el argumento de ser buen padre, esposo y hombre distinguido invalidarían a un varón publicar lo que él creyera oportuno?». Además, más allá de que quisiera incorporar las tendencias que imperaban en Europa, más allá del hecho que fuera mujer, lo cierto es que dominaba magistralmente la lengua castellana y sabía construir muy bien una novela. Y por si todo eso no fuera suficiente, fue la primera periodista profesional de la península, la principal ideóloga del feminismo decimonónico en España y la gran narradora del siglo XIX en idioma castellano, al mismo nivel de Pérez Galdós y Leopoldo Alas *Clarín*, con quienes formó una tríada única. Todas estas bazas tenía Emilia a su favor.

Emilia sigue adelante con su carrera

A pesar de las dificultades, ella siguió escribiendo y revitalizando la vida cultural en España, de forma terca e infatigable. En 1887 escribió *La Madre Naturaleza*, la segunda parte de la novela anterior. Y en 1888 publicó *Insolación*, otra obra que también desató la polémica porque defendía la igualdad entre hombres y mujeres en el tema de la moral sexual, algo que la sociedad de doble moral en la que vivía no estaba dispuesta a aceptar: «Por más que todavía hay hombres partidarios de la absoluta ignorancia de las mujeres, la mayoría va prefiriendo en el terreno práctico, una mujer que sin ambicionar la instrucción fundamental, tenga un baño de barniz o una apariencia que la haga presentable. Si no quieren a la instruida, la quieren algo educada en lo exterior y ornamental». En realidad, esta obra singular anticipó lo que luego será la novela del siglo XX: «Tengo por importante entre todos el concepto de que la novela ha dejado de ser obra de mero entretenimiento, modo de engañar gratamente unas cuantas horas, ascendiendo a estudio social, psicológico, histórico, pero al cabo estudio».

Emilia conoce a Benito Pérez Galdós

A finales de la década de los ochenta, Emilia inició una relación amorosa con Benito Pérez Galdós. Se admiraban mutuamente, eran amigos y se entendían a la perfección: «Pánfilo de mi corazón, rabio también por echarte encima la vista y los brazos y el cuerpote todo. Te aplastaré. Después hablaremos tan dulcemente de literatura y de Academia y de tonterías». Sin embargo, mantuvieron siempre oculto y en la clandestinidad su amor, porque ella seguía siendo una mujer casada: «Lo imposible y lo temible era que no nos viésemos, que suprimiésemos nuestra comunicación cuando nuestras almas se necesitan y se completan, y cuando nadie puede sustituir en este punto a tu Porcia. No deseo ciertamente que me hagas una infidelidad, pero aún concibo menos que te eches una amiga espiritual, a quien le cuentes tus argumentos de novelas. A bien que esto es imposible, ¿verdá, mi alma, qué es imposible?». La referencia a las infidelidades no debe extrañarnos, ya que la suya fue una relación abierta: «Amar es un acto. No te fatigues en pensar: ama». Durante los años que duró su relación, Galdós mantuvo relaciones con otras mujeres y ella tuvo una aventura con Lázaro Galdiano, un joven y atractivo escritor al que conoció durante una visita a Barcelona, ciudad a la que había acudido para ver la Exposición Universal de 1888. Así se lo confesaría años más tarde ella misma en una carta: «Mi infidelidad material no data de Oporto, sino de Barcelona, en los últimos días del mes de marzo, tres después de tu marcha. No me resolvía a perder tu cariño confesando un error momentáneo de los sentidos, fruto de las circunstancias imprevistas. Eras mi felicidad, y tuve miedo a quedarme sin ella. Creía yo que aquello sería para los dos culpables igualmente transitorio y accidental. Me equivoqué. Me encontré seguida, apasionadamente querida y, contagiada». Aún así, su relación se prolongó durante veinte años: «De mis picardías, ¿qué quieres que te diga? Tú eres más indulgente para ellas que yo misma. Ante la moral oficial no tengo defensa, pero tú y yo se me figura que vamos un poco nihilistas en eso».

Su fama se afianza todavía más

El año 1890 murió su querido padre, con el que siempre estuvo muy unida. Con la herencia que éste le había legado fundó la revista *Nuevo Teatro Crítico*, en la que sólo escribía ella y que editó durante tres años. En la década de los noventa también colaboró en publicaciones extranjeras: «Hice un trabajo para una publicación extranjera en la que hablaba sobre la mujer española. Yo estoy contenta con el trabajo, pero reconozco que es un poquito fuerte. Armaria un alboroto si se publicara en España». Y es que para entonces era ya una escritora de fama consolidada, no sólo en España, sino también fuera de nuestras fronteras. En esta década, no obstante, se alejó del naturalismo y se aventuró por nuevos derroteros, tales como el realismo: «Creo que el realismo es una teoría más ancha, completa y perfecta que el naturalismo». En 1905 publicó *La quimera* con una estética muy modernista y en 1908 *La sirena*.

A principios del siglo XX empezaron a sucederse los reconocimientos a toda su labor. En 1906 fue nombrada presidenta de la Sección de Literatura del Ateneo de Madrid, convirtiéndose en la primera mujer que ocupaba ese cargo. En 1908 el rey Alfonso XII le concedió el título de Condesa de Pardo Bazán en reconocimiento a su labor literaria. Asimismo en 1910 recibió el nombramiento de Consejera de Instrucción Pública y en 1916 el puesto de Catedrática en Lenguas Neolatinas de la Universidad de Madrid. Este último cargo suscitó una nueva polémica: «El claustro de profesores y los propios alumnos, todos de sexo masculino, me boicotearon por mi condición de mujer. A mi clase acudió un solo alumno».

Antes de eso, Emilia Pardo Bazán había intentado ingresar en la Real Academia Española. Desde 1853, sin embargo, existía una ley que prohibía expresamente que una mujer pudiera entrar a formar parte de esa institución. Ella lo sabía perfectamente, pero a pesar de eso en 1912, al enterarse de que habían quedado vacantes dos plazas, y antes siquiera de que éstas fueran publicadas en la *Gaceta*, envió una carta al presidente de la Academia en la que le solicitaba ser admitida. Era la primera que osaba hacerlo desde 1853. Su iniciativa no obtuvo la respuesta que ella quería, pero esta luchadora incansable lo intentó otras dos veces. No consiguió jamás ingresar en la Academia, pero su insistencia fue sin duda un primer paso importantísimo que empezó a allanar el camino e hizo posible que más adelante otras lo lograran.

Los últimos años de Emilia

El 4 de mayo de 1921, a poco de cumplir los setenta años, público el que sería su último artículo. En él hablaba de Tagore, autor que todavía no había sido traducido al castellano pero que ella había podido descubrir y saborear gracias a que hablaba muchas lenguas. La luz vital de esta novelista, cuentista, ensayista, crítica literaria y profesora, que se atrevió a escribir sobre temas innovadores y reivindicativos, se apagó finalmente ocho días después, el 12 de mayo de 1921. No la vencieron los hombres de ideas caducas e injustas, sino una gripe que se complicó a causa de su diabetes crónica.

Emilia Pardo Bazán escribió cientos de cuentos, novelas y artículos, demostró tener una capacidad singular para asimilar lo nuevo y no rehuyó nunca la polémica, pero su mayor proeza fue conseguir, en esa época, ser independiente, tanto económicamente como intelectualmente. De hecho, podemos decir que fue la primera escritora española que vivió única y exclusivamente de su trabajo, sacando además adelante a sus tres hijos. Sin duda, todo un modelo a seguir.

Seguro que mientras devolvían su cuerpo a la madre naturaleza «las nubes, amontonadas y de un gris amoratado, como de tinta desleída, fueron juntándose, juntándose, sin duda a cónclave, en las alturas del cielo, deliberando si se desharían o no se desharían en chubasco».

Bibliografía

Ardoin John y Fitzgerald, Gerald, *Callas: the Art and the Life—the Great Years*, Holt, 1974.

Bravo-Villasante, Carmen, *Vida y obra de Emilia Pardo Bazán*, Madrid, Revista de Occidente, 1962.

De la Peña, Ernesto, *Mata Hari: Evocación extemporánea*, 2002.

Edwards, Anne, *Maria Callas: una biografía íntima*, El Ateneo, Buenos Aires, 2003.

Gala, *La vida secreta: Diario íntimo de Gala*, Galaxia Gutenberg, 2011.

Haney, Lynn, *Naked at the feast: the biography of Josephine Baker*, Robson Book, 2003.

Hepburn, Katharine, *Yo misma*, Ediciones B, 1996.

Ibárruri, Dolores, *Memorias*, Planeta, 1984.

Kahlo Frida y Lowwe Sarah, M., *El diario de Frida Kahlo: un íntimo autorretrato*, 2008.

Lever, Evelyne, *Madame de Pompadour*, Tempos, 2003.

Pàmies, Teresa, *Una española llamada Dolores Ibárruri*, Martínez Roca, 1975.

Reineck, Rollin, *Amelia Earhart survived*, Paragon, 2003.

Souvais, Michel, *Arletty, Confidences á son secrétaire*, Publibook, París, 2006.

Turman, Judith, *Secreto de la carne: vida de Colette*, Siruela, 2000.

Urrea, Inmaculada, *Coco Chanel: la revolución de un estilo*, Ediciones Internacionales Universitarias, 1998.

Wortis Leider, Emily, *Becoming Mae West*, Da Capo Press, 1997.

333 maneras de ser feliz
Brenda Barnaby

Acepta el desafío de tu propia existencia, recupera la ilusión y toma el control de tu vida con estas ideas y consejos para alcanzar la felicidad.

Este libro ofrece un sinfín de ideas y temas para reflexionar, para ver la vida desde otro ángulo y producir una transformación positiva en el alma de quien lo lea. Un regalo que ofrece maneras alternativas de pensar y de comportarse con el objetivo de alcanzar una vida plena, llena de esperanza y alegría.

Cómo evitar amargarse la vida
Brenda Barnaby

El amor, la felicidad, la esperanza... son nociones que dan sentido a la vida pero que sólo pueden alcanzarse cuando se han superado los miedos y el sol resplandece por encima de neblinas y temores.

Brenda Barnaby, la exitosa autora de los best seller *Más allá de El Secreto* y *333 maneras de ser feliz* nos brinda un nuevo y maravilloso libro que habla sobre todo aquello que podemos hacer para no amargarnos la vida y trazar el rumbo correcto que nos lleva a la estación felicidad.

Deja de quejarte y libérate
Brenda Barnaby

Recupera la alegría y las ganas de vivir eliminando las quejas de tu vida cotidiana.

He aquí un libro cuya pretensión es provocar un cambio en tu vida, una nueva manera de ver las cosas, lejos de la amargura y el berrinche constante. Muchas personas han hecho de la queja su *modus vivendi*: se quejan por la política, por la carestía de la vida, por lo que tarda el autobús en llegar a la parada... todo es una queja constante que conlleva frustración, molestia, cansancio, hastío...

Aunque tenga miedo, hágalo igual
Susan Jeffers

Libérese del miedo que le atenaza.

Cuando corremos un riesgo, cuando nos adentramos en territorios poco familiares o nos enfrentamos al mundo de una forma nueva, experimentamos miedo. Y, muy a menudo, ese miedo evita que progresemos en nuestra vida. Para que esto no suceda, lo mejor que podemos hacer es explorar los obstáculos que nos impiden vivir a nuestra manera, evitar elegir el camino más cómodo y aprender a identificar las «excusas» que nos hacen resistirnos a cualquier cambio.

Escucha a tu cuerpo, escucha a tu mente
Claudia Rainville

Descubre el lenguaje del cuerpo y los mensajes curativos que éste nos envía.

Claudia Rainville nos propone profundizar en el conocimiento de la enfermedad y de los mecanismos de curación de nuestro cuerpo. Su trabajo consiste en guiar a las personas hacia una mejor comprensión de los tratamientos ante un problema de salud, para que puedan escoger con claridad el camino adecuado hacia la curación.

El libro de las buenas energías positivas
Alissa Sandler

Elimine la negatividad y despierte la energía positiva que envuelve su vida.

Este libro le resultará de inestimable ayuda para fomentar su bienestar físico, mental y espiritual, ya que contiene algunas de las técnicas más eficaces para potenciar de un modo positivo las energías que nos rodean o forman parte de nuestro organismo.